Der Ultralauf-Kompass

Norbert Madry

Der Ultralauf-Kompass

Für alle, die es wirklich wissen wollen

COPRESS

Umschlaggestaltung: Pierre Sick

DTP-Produktion und Layout:
Verlagsservice Peter Schneider / Satzwerk Huber, Germering

Bibliografische Information der Deutschen Nationalbibliothek
Die Deutsche Nationalbibliothek verzeichnet diese Publikation in der Deutschen Nationalbibliografie; detaillierte bibliografische Daten sind im Internet über http://dnb.dnb.de abrufbar.

Gesamtherstellung: Stiebner, Grünwald
Printed in Hungary

ISBN 978-3-7679-1111-6

www.copress.de

Dieser Titel ist auch als E-Book erhältlich (ISBN 978-3-7679-2045-3)

Inhaltsverzeichnis

Vorwort

Für wen ist dieses Buch geschrieben?

Für möglichst viele Leute.

Unmittelbar ansprechen möchte ich (Ultra-)Läuferinnen und Läufer, die an sich selbst und damit auch an ihre Lauferei etwas mehr Ansprüche stellen als »schaun mer mal«. Gemeinhin als ambitionierte Läufer bezeichnet. Mit den Ambitionen geht bei ihnen ein großer Appetit auf alle laufbezogenen Informationen und Tipps einher. Das sind zunächst die leistungs-orientierten Ultraläufer, die um Meisterschaftsplätze und -medaillen zumindest in der Altersklasse laufen wollen. Ich möchte aber auch all diejenigen ansprechen, die ihrem Laufen ganz bewusst einen wichtigen Platz in ihrem Leben einräumen – egal ob mit großem oder sehr bescheidenem Wettkampf-Ehrgeiz. Ein eher kleiner Teil dieses Buchs ist speziell für absolute Ultra-Neulinge geschrieben. Denn spätestens nach dem ersten absolvierten Ultralauf fühlst Du Dich ja schon ein wenig als Ultra-erfahren. Andererseits, wenn Du Dich nach einigen kürzeren Ultras erstmals auf einen der langen Kanten von 100 Meilen oder 24 h begibst, brauchst Du wieder Tipps für Anfänger. Diesen Informationsbedarf sowohl von Neulingen wie alten Hasen möchte ich bedienen.

Aber lesen sollen dies hier gerne auch Leute, die selber gar nicht laufen oder nur ein wenig laufen, die für die »verrückten Ultras« eigentlich gar kein Verständnis aufbringen, aber doch neugierig und aufgeschlossen genug sind, um z. B. dieses dünne Buch in die Hand zu nehmen.

Warum hast Du dieses Buch geschrieben?

Reine Selbstdarstellung und Eitelkeit …

Nee, hoffentlich nicht. Sondern weil ich glaube, dass dieses Buch einen Informationsbedarf anspricht, der unter Ultraläufern meist nur über Mund-zu-Mund-Propaganda befriedigt wird. Es gibt inzwischen eine Reihe von Büchern, die sich speziell mit dem Ultralaufen beschäftigen und die dann »Das große Buch …« oder »Handbuch …« heißen; mit vielen Bildern und Tabellen gespickt, mit Rückblicken auf die Historie und Einblicken auf die Biochemie des Ultralaufens stehen sie dann groß und dick im Regal. Teilweise sauber recherchiert.

Und das kann der Haken an der Sache sein: Im Ultrabereich gibt es zu den Themen Training und Wettkampfgestaltung wirklich nur subjektive Erfahrungen und kaum wissenschaftliche Erkenntnisse – andererseits sieht ein gedruckter Trainingsplan schon super-wissenschaftlich und objektiv aus. Und die Gebrauchsanleitung zumindest der gewissenhaften Autoren, dass diese Trainingspläne nur eine grobe Richtschnur sind und unbedingt individuell angepasst werden sollten, wird überlesen oder ganz schnell vergessen. Weiter gibt es dann doch so viele Fragen zu Training und Wettkampf, die in diesen Büchern überhaupt nicht angesprochen werden, vielleicht weil es dazu keine gesicherten Erkenntnisse gibt – also will ich mich mal vorwagen und meine Sicht frisch und frei wie in der Mund-zu-Mund-Propaganda als Druckwerk anbieten.

Dies hier soll also ein kleiner, sehr subjektiv gefärbter Laufkumpel in Buchform sein. Praktisch nur auf meinen Erfahrungen als Ultraläufer (und deutlich weniger als Ultra-Coach) basierend, gibt er ehrliche *subjektive* Antworten auf häufig gestellte Fragen. Und kommt hoffentlich nie dogmatisch daher, sondern bietet Dir eher einen Anreiz zum eigenen Nachdenken und Reflektieren Deiner Erfahrungen.

Warum der Titel Ultralauf-Kompass?

Wie eben gesagt: Das Ultralauf-Territorium ist noch weitgehend ein weißer Fleck auf der Sport-Landkarte, was trainingsmethodische und sportwissenschaftliche Unterfütterung angeht.

Ein Navi nützt halt nichts im noch nicht kartierten Gelände. Da brauchst Du einen Kompass für die grobe Richtung und musst Dir Deinen Weg selbst suchen. Nun begibst Du Dich jenseits von Marathon in unbekanntes Gelände, für das es noch keine exakten Landkarten gibt, aus denen Du ablesen kannst, welche Wege garantiert zum Ziel führen. Dieser Ultralauf-Kompass soll Dir Orientierung geben in dem unkartierten Gelände, soll Dir helfen, Deinen Weg durch den Dschungel von Tipps und Tricks, die es so zum Ultralauf-Training und zur Wettkampfgestaltung gibt, zu finden.

Dieses Buch beleuchtet hauptsächlich Fragen zum Training und zur Wettkampfgestaltung; vor allem solche Fragen, für die es in meinen Augen ganz bestimmte ultra-spezifische Besonderheiten gibt. Ultra-spezifisch = die üblichen Laufweisheiten bis Marathon sind nicht mehr uneingeschränkt richtig.

Die meisten Informationen und Ratschläge allgemeiner Laufbücher sind natürlich auch für das Ultralaufen gültig; nur in ganz bestimmten Punkten gibt es kleine Ultra-Besonderheiten. So habe ich zu den Themen Ernährung, Kraft- und Dehnungsübungen sowie Ausrüstung keine eigenen Kapitel mit vielen Bildern, Tabellen etc. aufgemacht, denn das sind Themen, in denen die Ratschläge bis Marathon auch fast immer für Ultras gültig bleiben. Oder anders ausgedrückt: Ausrüstung, Ernährung und Laufgymnastik sind gut kartierte Gebiete, wo Du besser mit einer guten Landkarte/GPS, die es bereits ausreichend gibt, als mit einem Kompass hantierst.

Das Wiederkäuen von allgemeinen Läuferweisheiten und Lauf-Infos erspare ich Dir und mir. So sollst Du hier nicht zum x-ten Mal nachlesen, wie das noch mal gleich mit Kohlenhydrat- und Fettstoffwechsel funktioniert. Um bei diesem Beispiel-Thema zu bleiben: Es gibt auch im Laufbereich nützliches und unnützes

Wissen. Dass Du weißt, dass die Energiewährung der Zellen ATP ist (und vielleicht auch noch die chemische Formel dafür kennst und was genau biochemisch abläuft, während Du läufst), macht Dich aber auch keinen Zentimeter schneller als Deinen auf diesem Gebiet völlig ahnungslosen Mitläufer. Dass Du aber für lange Ausdauerleistungen auf einen gut geölten Fettstoffwechsel angewiesen bist, und wie Du den am besten in der Vorbereitung auf einen oder mehrere Ultra-Wettkämpfe ankurbeln kannst, ohne in eine andere Stoffwechsel- oder Mental-Falle zu tappen, ist schon relevanter zu wissen.

Warum der Untertitel »Für alle, die es wirklich wissen wollen«?

Damit dieses Buch nicht von eigentlich Uninteressierten gekauft oder gelesen wird.

Naja, jetzt, wo ich alles fertig geschrieben habe und die ganze Mühe mit Verlag etc. hinter mich gebracht habe, möchte ich schon, dass es von vielen Leuten gekauft wird – aber Hauptsache für mich bleibt, dass es gerne und mit Interesse gelesen wird. Deswegen hab ich versucht, es extra so zu schreiben, dass die Leute, die wirklich etwas über das Ultralaufen, vor allem auch etwas Ultra-spezifisches zur Wettkampfgestaltung und Trainingsplanung wissen wollen, gut bedient werden. Einige wenige Fragen hab ich mir ausgedacht, aber die allermeisten Fragen stammen von Ultraläufern oder Ultralauf-Interessierten wie Dir, die mich direkt damit konfrontiert haben: über e-mails, Telefonate, im Gespräch vor, nach und teilweise sogar während diverser Ultrawettkämpfe. Viele der Fragen und verwendeten Beispiele in den Antworten stammen bzw. handeln von Mitgliedern der deutschen Ultramarathon-Nationalteams der letzten drei, vier Jahre, die bei Welt- und Europameisterschaften in der Regel deutlich besser abschneiden und auch in den Weltjahresbestenlisten wesentlich besser platziert sind als ihre Landsleute auf den Distanzen Marathon und abwärts.

Wie sollte man dieses Buch lesen?

Entweder ganz klassisch von vorne bis hinten oder ganz selektiv.

Ab Seite 172 findest Du alle Fragen kapitelweise aufgelistet – such Dir raus, was Dich besonders interessiert oder Du noch mal nachschlagen möchtest.

Warum ist das Buch als reines Frage-Antwort-Spiel aufgebaut?

Weil ich glaube, dass ich mich so am besten auf das konzentrieren kann, was Du wirklich wissen willst.

Allerdings habe ich ein großes Vorbild: ein Buch, das mir vor 30 Jahren in den USA sofort ins Auge stach: Tom Oslers »Serious Runner's Handbook«. Das war ganz ähnlich als Frage-Antwort-Spiel aufgebaut, hatte Langstreckenlaufen im Allgemeinen zum Inhalt – mit aber immerhin gut 20 Fragen zu Ultramarathons, wenn auch mehr zur Historie und mit inzwischen eher überlebten Empfehlungen.

In einem Buch kann niemand dem Autor widersprechen, was natürlich mal ganz angenehm sein kann ... Selbstverständlich bin ich von dem überzeugt, was ich hier als Antworten auf Fragen gegeben habe. Ziemlich oft liege ich überhaupt nicht auf einer Linie mit den normalen Laufweisheiten, besonders bei Punkten, bei denen die Besonderheiten des Ultralaufens gegenüber den kürzeren Laufdistanzen wichtig sind. Mit meinen Antworten möchte ich aber keinen Anspruch auf die einzige und ewige Wahrheit stellen; bei manchen habe ich ausdrücklich darauf hingewiesen, dass es auch ganz andere Sichtweisen gibt. Grundsätzlich will ich Anregungen zum eigenen Nachdenken und Ausprobieren geben, denn grau ist alle Theorie und »Entscheidend is auffen Platz«!

Ultra-Allgemeines

Was sind Ultraläufe?

Jeder Lauf, der am Stück die klassische Marathondistanz von 42,2 km (oder 42,195 für die Enthusiasten) deutlich überschreitet.

Ich bin froh, dass ich hier nicht präziser definieren muss, z. B. ob 42,5 oder erst 43 oder gar erst über 50 km »deutlich« über den 42,2 km liegen – das ist dann eher ein Thema für Statistiker. Ultraläufe sind so lang, dass ein übliches Marathonratgeberbuch in einigen Aspekten einfach nicht mehr passt. Und für jeden einzelnen Läufer ist dieses »deutlich« auch ganz unterschiedlich lang; würde mal sagen, bei flachen Strecken empfinden die meisten Ultras so etwa 3 bis 13 km länger als Marathon als spürbar länger.

In diesem kleinen Ultrakompass wird es um Ultraläufe bis zu 24 h gehen, denn bis zu dieser Länge habe ich eigene Erfahrung, vor allem als Läufer, aber auch als Trainer und Betreuer. Für noch längere Kanten fehlt mir diese – daher auch keine Empfehlungen zu 48-h- oder 7-Tagesrennen. Wohl aber noch zu Etappenrennen, bei denen Tag für Tag eine mittlere Ultradistanz von meist ca. 50–80 km zurückgelegt wird.

Wer kann und sollte Ultra laufen?

Alle Menschen, denen das lange Laufen an sich Spaß bereitet, die sich freuen, wenn sie läuferisch unterwegs sind.

Ultras sollten von denjenigen gemieden werden, die sich an ihrer Lauferei nur wirklich freuen, wenn sie unter der Dusche zufrieden »so, das hätten wir mal wieder geschafft« sagen können oder was zum Facebook-Posten darin sehen und auf der Strecke unterwegs laufend nur an die Dusche danach oder die Verbreitung ihrer Ruhmestaten denken. So gestrickte Leute schaffen durchaus auch Ultradistanzen, sind aber zu wenig von innen her motiviert und werden bei den unausweichlichen Frustrationen, die beim Ultralauf einfach dazugehören, ziemlich bald die Segel streichen.

Wer also das Unterwegs-Sein mindestens genau so schätzt wie das Ankommen, besitzt schon eine wichtige Eigenschaft zum erfüllten Ultralaufen. Sportlich erfolgreich in Ultra-Wettkämpfen werden diejenigen, die schon auf den Unterdistanzen eine deutliche Tendenz zu Ausdauer statt Grundschnelligkeit zeigen. Die also im 10-km-Lauf von Leuten geschlagen werden, denen sie im Halbmarathon schon Paroli bieten und denen sie im Marathon Minuten abnehmen. Wem beim Marathontraining besonders die langen Einheiten Spaß machen, der sollte sich ruhig mal im Ultra versuchen. Wer dagegen schon beim Marathontraining bei den langen Einheiten schummelt und lieber die nächste ruhige Einheit schneller macht (um schneller unter der Dusche zu sein), wird es schwer haben, richtig Freude am Ultralaufen zu finden.

Neben diesen mentalen Faktoren gehören natürlich auch ein paar körperliche Voraussetzungen dazu. Aber hier darf ich doch annehmen, dass die meisten Ultraläufer oder potentiellen Ultras zunächst über die Marathondistanz abgeklärt haben, dass sie die notwendige Robustheit des Herz-Kreislaufsystems, des Bewegungsapparats und auch des Magen-Darm-Trakts besitzen. Besonders der letzte Punkt wird bei Ultraläufen nicht nur länger, sondern auch anders strapaziert: Als Ultraläufer musst Du ab einer gewissen Streckenlänge während des Laufens essen und unter der Belastung das Gegessene auch verstoffwechseln. Das heißt, die Verdauung und Aufnahme der Nahrungsbestandteile ins Blut und von da aus in das Gehirn und die Muskeln muss »laufen«.

Gibt es Unterschiede in den Ultralaufleistungen von Frauen und Männern?

Ja, Frauen brauchen durchschnittlich ungefähr 10% länger als Männer.

Dabei kann es in einem einzelnen Rennen durchaus vorkommen, dass eine Frau die Beste von allen Angetretenen ist. Nicole Benning hat z. B. mal ein 100-km-Rennen in Spanien vor allen Männern gewonnen. Das lag natürlich daran, dass Nicole damals auf Nationalteam-Niveau war und das überschaubare Männerfeld keinen 8-Stunden-Läufer aufgereiht hatte. Solche isolierten Resultate werden dann gern zu wilden Theorien verwurstet, dass Frauen bei langen Ausdauerleistungen einen biologischen Vorteil hätten – das jedoch hält schon einer simplen statistischen Faktenkontrolle nicht stand.

Statistisch gesehen sind die Leistungen der Frauen auf den langen Distanzen nämlich mit dem auch auf kürzeren Laufstrecken üblichen Malus von ca. 10% gegenüber den Männern behaftet. Man braucht nur in der Statistikdatenbank der Deutschen Ultramarathon-Vereinigung DUV in den Weltjahresbestenlisten über 50 oder 100 km, über 100 Meilen oder 24 h zu blättern, um diesen Fakt bestätigt zu sehen. Ohne diesen Realitäts-Check geistern Vorstellungen durch manche Köpfe, dass Frauen generell leidensfähiger als Männer sind, bessere Kraft-/Last-Verhältnisse haben etc. und deswegen für die ganz langen Ausdauerleistungen im Vorteil sind. Interessante Theorie, aber sie stimmt nicht mit der Realität von hunderten weltweiten Ergebnissen überein.

Wenn man hier noch unbedingt weiterdiskutieren möchte: Viele weibliche Ultras laufen relativ gleichmäßigere Rennen als die meisten ihrer männlichen Kollegen. Auch das kann im Einzelfall anders sein. Ist aber ein guter Tipp für Ultra-Neulinge: Im Zweifel ist es für den Ultra-Novizen oder die Ultra-Novizin cleverer, sich in der ersten Hälfte des 1. Ultrawettkampfs an einer weiblichen Mitläuferin zu orientieren. Ob nun etwas gleichmäßiger erzielt oder nicht: Der etwa 10%ige Leistungsunterschied im Durchschnitt bleibt ein Fakt. Vielleicht kann man diese 10%

noch so auffächern, dass der Leistungsunterschied bei Kurz-Ultras bis 100 km etwas mehr als 10% und auf noch längeren Strecken etwas weniger als 10% betragen könnte. Aber wir reden hier nicht von 15 und 5, sondern eher von 11 und 9%. Wäre mal ein Thema für eine sportwissenschaftliche Master-Arbeit ...

Diese rund 10% im statistischen Leistungsunterschied der Geschlechter kann man aber ganz praktisch dazu heranziehen, direkt nach einem Rennen schnell und bequem zu beurteilen, ob die Frauen-Siegerin oder der Männer-Sieger an diesem Tag die relativ bessere Leistung gebracht hat.

Ist Ultralaufen nur etwas für ältere Läufer?

He, was soll das???

Hinter dieser Frage steckt ein inzwischen nun wirklich überlebtes Vorurteil aus der klassischen Stadion-Leichtathletik (»wenn man nicht mehr schnell genug ist für den Sprint, geht es auf die Mittelstrecken, später dann Langstrecke, schließlich landet man beim Marathon – und Ultra ist nur was für sowieso nicht wirklich Leistungsorientierte«). Diese Sichtweise hat sich ja bereits beim Marathon komplett erledigt. Reihenweise zeigen hier auch und gerade bei WMs ganz junge Läufer und Läuferinnen in ihren frühen Zwanzigern den Mittdreißigern, wo der Hammer hängt.

Inzwischen gibt es doch einige Beispiele von Athleten, die sich bereits in jungen Jahren auf die Ultradistanzen verlegt haben. Unser 24-h-Weltmeister Florian Reus z. B. hat überhaupt keine noch so kurze Langstrecken- oder Marathonkarriere hinter sich, sondern seine ersten wirklich ambitionierten Wettkämpfe waren gleich Ultras und auch dort ist er ziemlich schnell bei den 24 h und Wettkämpfen ähnlicher Dauer gelandet. U. a. ist er mit 22 Jahren erstmals deutscher Meister und mit 28 erstmals Europameister in seiner Spezialdisziplin geworden, den Welttitel holte er als 31-Jähriger.

Ältere Läufer haben neben den vielen Nachteilen der altersbedingt verminderten Schnellkraft, Beweglichkeit, Koordination, Herzfrequenz etc. einen kleinen Vorteil gegenüber den jungen Wilden: Sie sind in der Regel nicht mehr ganz so überehrgeizig, haben schon so manche bittere Erfahrung gemacht und lassen sich etwas weniger als die Jungen durch ein unüberlegtes (Anfangs-) Tempo aus dem Konzept bringen. Und sie haben ein läuferisches Selbstbewusstsein entwickelt, das sie aus der einen oder anderen schlechten Phase während des Wettkampfs schneller herausführt. Das sind kleine Vorteile, die gerade auf den sehr langen Distanzen schon wichtig werden können.

Ist denn Erfahrung wichtig beim Ultralaufen?

Ja und nein.

Ein gestandener Ultraläufer lässt sich in der Regel auf keine unausgegorenen oder einfach aus Marathonbüchern übernommenen Empfehlungen ein, ohne bei sich oder seinen glaubwürdigen Laufkumpels die empirische Probe auf's Exempel gemacht zu haben. Dadurch, dass es kaum wissenschaftliche Studien gibt, die relevant für den Alltag des Ultraläufers sind, ist man praktisch darauf angewiesen, jeden hilfreichen oder scheinbar hilfreichen Tipp auszuprobieren. Und wenn man sowohl ein paar Ultralaufjahre und -Wettkämpfe als auch alle möglichen Erfahrungen mit »guten Tipps« gesammelt hat, ist man schon ziemlich gut darauf eingenordet, wie man sich in bestimmten Situationen eines Ultra-Wettkampfs oder eines Trainingszyklus verhalten sollte.

Erfahrung ist aber wie in anderen Bereichen auch im Ultralauf nur hilfreich, wenn man die gesammelten Eindrücke, Informationen und Erkenntnisse ausreichend reflektiert und dann beim nächsten Mal sein Verhalten ändert. Michael Sommer ist für mich das Paradebeispiel eines Ultraläufers, der aufgrund seiner Erfahrung in vielen Rennen optimale Ergebnisse rausgeholt hat und die relativ unerfahrenen jungen Wilden mit möglicherweise aktuell besserem Laufvermögen in Schach gehalten bzw. mit einem Lehrstück beschenkt hat. Zum Beispiel bei seinen Läufen bei den 100-km-DMs 2013–15 oder bei der WM in Doha/ Katar 2014, als er Weltmeister der über 50-Jährigen wurde und absolut bester Deutscher war.

Manchmal ist es wiederum besser, mit der Naivität des Unerfahrenen ranzugehen. Es gibt einige Athleten, die ein paar »eherne Gesetze« der Ultralauf-Erfahrenen einfach durch eine unorthodox erbrachte Erst-Leistung gehörig ins Wanken gebracht haben.

Und es gibt da noch die Erfahrung, die sich im Körper des Ultraläufers verankert, ohne dass rationale Reflektion und Einsortierung stattfindet. Diese unterbewusste Erfahrung kann eher positiv oder eher negativ für künftige Ultraläufe sein. Ein Ultra-Novize kann so gesehen dann den Vorteil haben, dass er seinen Körper noch nie durch die stundenlangen Ausdauerleistungen getrieben hat und deswegen noch keine unbewussten Schutz-Routinen entwickelt hat, gegen die der erfahrene Ultra manches Mal mehr ankämpfen muss als gegen seine Lauf-Konkurrenten (siehe Frage »Kann ich das ganze Thema Mentaltraining nicht einfach mit meinem normalen Lauftraining erschlagen?« S. 114).

Wann kann man mit dem Ultralaufen beginnen?

Jederzeit, sobald Strecken jenseits der Marathon-Distanz einen Reiz auf Dich ausüben, weil Du Dein Marathon-Handwerk schon beherrschst.

Das wichtigste Rüstzeug für den künftigen Ultraläufer ist die durch die langen Trainingsläufe angekurbelte Fähigkeit, im Sauerstoff-Gleichgewicht körpereigene Fette als Energiequelle zur weiteren Fortbewegung zu nutzen. Wer diese Fähigkeit z. B. in der Vorbereitung auf einen Marathon eingeübt hat, braucht sie im Grunde genommen beim Ultra nur ein paar Stunden länger anzuwenden. Das längere Laufen an sich muss aber besser auch eingeübt werden …

Ich würde jedoch niemandem unter ca. 20 Lebensjahren raten, schon in die Welt der Ultras einzutauchen – junge Leute brauchen subjektiv mehr Abwechslung, kurzfristige Ziele und Veränderungen als es der Ultralauf ihnen anfangs bieten kann. Bei manchen Leuten dauert dieses Hasten nach dem neuesten Kick etc. bis Mitte 40 – oder hört vielleicht nie auf. Solche Leute sind wahrscheinlich besser mit kürzeren, knackigeren und auf den ersten Blick interessanteren und publikumswirksameren Laufvarianten wie Cross- oder Hindernislauf (auch in seinen modernen Event-Spielarten) bedient.

Weiterhin würde ich auch niemand mit nur 1, 2 Jahren Lauferfahrung raten, es mal mit einem Ultra zu versuchen. Wenn man seine individuellen läuferischen Haken und Ösen noch nicht mindestens zwei Sommer und Winter hindurch abgeschliffen hat und noch nicht einmal ansatzweise fundiert sagen kann, ob man z. B. eher der Ausdauer- oder Grundschnelligkeits-Typ ist, oder wie robust die eigene Orthopädie ist, dann ist ein Einstieg in die Ultrastrecken nicht ratsam. Man macht einfach noch zu viele kleine aber grundlegende Fehler, man läuft halt noch nicht optimal rund – und Fehler können beim Ultramarathon gravierende Folgen haben. Und wenn es nur die voreilig abgeleitete Konsequenz ist »Ultras sind nix für mich« …

Wann sollte man mit dem Ultralaufen aufhören?

Wenn es nicht mehr läuft.

Höchst subjektive Angelegenheit, aber anders lässt es sich nicht festmachen. Der häufigste Grund, warum es »nicht mehr läuft«, ist eine Verletzung. In den seltensten Fällen ist die Diagnose so klar, dass es sich um eine chronische und sich nicht mehr bessernde Verletzung handelt. Vielmehr testet sich der Ultra-Enthusiast geduldig monatelang selbst durch kürzere, dann wieder länger und oft leider wieder kürzer werden müssende Läufe, ob es vielleicht doch wieder läuft … Und gar nicht mal so selten kommen diese Sportskameraden sogar aus der scheinbaren

»Dauerverletzung« heraus und laufen dann wieder, als ob es diese Episode nie gegeben hätte!

Manchmal können es äußere Faktoren sein, die einem die Lust am Ultralaufen so weit dämpfen, dass es einfach nicht mehr läuft. Meistens ist das Zeitmangel und/oder insgesamt zu viel Stress. Der deutsche Rekordhalter im 24-h-Lauf, Wolfgang Schwerk, hat mal einige Jahre auf seinen geliebten Sport verzichten (müssen), weil er sehr stark in den Auf- und Ausbau seines Hauses eingespannt war und einfach nicht den Nerv hatte, auf diesen ganzen Handwerks- und Handwerker-Stress noch ein Ultra-Trainings- und Wettkampf-Programm aufzusatteln. Er ist nach dieser selbstgewählten schöpferischen Ultrapause mit spektakulären Weltrekorden in den superlangen Distanzen 1000 Meilen und 10 Tage grandios in die Ultraszene zurückgekehrt.

Dieses Beispiel zeigt übrigens, dass ein Abschied vom Ultralaufen nicht immer ein endgültiger sein muss – der Entschluss, ein paar Jahre Ultrapause einzulegen, kann über Dein ganzes Leben betrachtet eine gute Entscheidung sein. Dass Du in der Pause ein paar Jahre älter wirst und daher beim Wiedereinstieg wohl nicht mehr ganz an die Leistungen vor der Pause anknüpfen wirst, dürfte Dir dann schon mit Blick auf die Entwicklung Deiner Unterdistanz-Leistungen klar sein.

Muss ich ein sehr disziplinierter Mensch sein, um Ultras erfolgreich zu laufen?

Nein, Du musst nur das lange Laufen mögen.

Wenn man einem Menschen befehlen würde, 100 km oder 24 h zu laufen, würde man völlig zu Recht als Folterer und Sadist vor den Internationalen Gerichtshof in Den Haag gestellt. Solche langen Ausdauerleistungen können nur von Leuten bewältigt werden, die das Ganze aus freien Stücken, aus eigenem Antrieb und mit wenigstens vorübergehenden Lustgefühlen betreiben. Wir Freiwilligen machen dann Trainingseinheiten, die Nicht-Ultraläufer als »verrückt, sadistisch, nur mit äußerster Selbstdisziplin machbar« bezeichnen. Wir wissen dagegen: Es ist nicht

Selbstdisziplin, sondern eine rundum schöne Geschichte mit Vorfreude, Vergnügen während des Laufs und (verhaltener) Befriedigung nachher, wenn wir uns für ein paar Stunden auf die Socken machen.

Ich würde sogar behaupten: Wer für die langen Einheiten oder das gesamte Ultratrainingspensum ständig an seine Selbstdisziplin appellieren muss, wird nicht lange Ultraläufer bleiben. Egal, wie relativ erfolgreich er oder sie ist: Ohne inneren Antrieb und Freude an Ultraläufen wird es nix Dauerhaftes.

So gesehen, mag es einige Leute geben, die mit eiserner Disziplin sportliche Erfolge im Ultralaufen erringen – aber sie werden immer deutlich in der Minderheit gegenüber den echten Liebhabern dieser Sportart sein.

Gibt es Ultraläufer ohne Ehrgeiz?

Angeblich ja, wenn man manche so über sich reden hört. Ich glaube: Ganz ohne Ehrgeiz ist bei uns Ultras niemand.

Die Antwort auf die Frage nach dem Ehrgeiz hängt natürlich davon ab, was unter Ehrgeiz verstanden wird. Mein Verständnis von Ehrgeiz möchte ich an zwei Läufer-Typen illustrieren, die sich selbst als »reine Genussläufer« bezeichnen bzw. »heute nur reiner Trainingslauf« sagen und in der Regel jegliche Ambitionen von sich weisen.

Bei den Genussläufern ist meist mindestens der ausgeprägte Wille da, nicht nur ziemlich oft zu starten, sondern auch ziemlich oft zu finishen – wobei das Finishen eines Ultras ja bereits eine Leistung ist, die von weit mehr als 99,9% der Bevölkerung nicht (auf Anhieb) bewältigt werden könnte. Genussläufer laufen gern in Gesellschaft, gucken sich die Gegend an, bleiben für Erinnerungsfotos oder ein Schwätzchen am Verpflegungsposten schon mal länger stehen. Gegen Ende eines Rennens schalten jedoch viele Genussläufer dann eigenartigerweise doch auf »Wettkampf«, »Plätze gut machen« etc. um. Und gucken im Ziel auf die Zeitabstände zu ihren Spezis, um ihre aktuelle Leistung in einem Quervergleich einzuordnen – gar nicht so anders als die Leute weiter vorne!

Ähnlich ist es bei den »Trainings-Wettkämpfern«: Klar wollen sie heute nicht alles zeigen, verzichten freiwillig auf einen möglichen Top-10-Platz oder so, und halten sich auch anfangs schön zurück, aber auf den letzten 10 km, weil sie sich ja sehr zurückgehalten haben und noch viel mehr Reserven haben als die vor ihnen kämpfenden Läufer, müssen sie ihren Ehrgeiz schon echt im Zaum halten, um nicht noch »locker vorbeizuziehen« etc. – und oft lassen sie dann ihrem Ehrgeiz doch noch freien Lauf.

Wer Ultra-Wettkämpfe läuft, hat in meinen Augen immer auch den Antrieb, dieses keineswegs selbstverständliche Erlebnis auch mit einer feinen Leistung mindestens nach eigenen Maßstäben abzuschließen. Eine *nach eigenem Ermessen feine Leistung abliefern* heißt für mich: gesunder Ehrgeiz. Ehrgeiz gehört nun mal zum Sport, ansonsten würden wir ja nicht zu Wettkämpfen gehen.

Krankhaften Ehrgeiz, Verbissenheit und Missgunst gibt es natürlich auch unter Ultraläufern – das sind Leute, die sich eher an Platzierungen relativ zu Konkurrenten orientieren oder sich ständig überehrgeizige, weil für sie unrealistische Ziele setzen. Regelmäßiges Ultralaufen erzieht aber zu gewisser Demut und Dankbarkeit auch für Resultate, die nicht ganz so wie gewünscht ausgefallen sind, und daher sehe ich die Fraktion der verbissenen, missgünstigen und krankhaft ehrgeizigen Ultras ganz klar in der Minderheit.

Muss man sich denn überhaupt so viele Gedanken um das Laufen machen oder reicht es nicht, einfach zu laufen?

Es reicht völlig aus, einfach zu laufen.

Aber erstens ist der Mensch anscheinend so gestrickt, dass er sich über seine Lieblingstätigkeiten durchaus auch ab und zu ganz gerne Gedanken macht und zweitens wendet sich das Buch ja ausdrücklich an diejenigen, die es wissen wollen, wie es läuft. Gelegentlich kann ich sogar einen Grund nennen, warum etwas funktioniert oder nicht.

Wenn Du es wirklich wissen willst, also noch mehr Spaß und/oder Erfolg mit Deiner Lauferei haben möchtest, dann musst Du entweder einen Trainer haben, der Dich auch bis in die Kleinigkeiten des Alltags betreut und lenkt – solche Leute sind eine aussterbende Art. Oder Du nimmst auch Dein Läuferleben in die eigene Hand. Gedanken machen, analysieren, spekulieren und planen ist die eine Sache – das Umsetzen dann noch eine weitere Disziplin.

Macht Ultralaufen langsam?

Nein.

Langsamer (z. B. über Halbmarathon oder 10 km) wirst Du allenfalls durch zu viel Ultralaufen bzw. zu selten gesetzte Temporeize. Um aber vernünftige Ultraläufe hinzubekommen, brauchst Du unbedingt auch Tempovermögen, und zwar Dein spezifisches. Viele Ultraläufer haben ihre PBs *(= Persönliche Bestleistung)* über 100 km oder 24 h genau in den Jahren erzielt, in denen sie sich auch auf den Unterdistanzen verbessert hatten.

Auch langfristig (alterskorrigiert natürlich …) ist Ultralaufen keine Tempobremse. In meinen wenigen Nicht-Ultralaufjahren war ich über kürzere Strecken relativ schwächer als z. B. im Marathon. Meine 10-km-Zeit hätte nach der Faustformel 10-km-Zeit x 4,66 eine Marathonzeit von knapp 2:44 »erlaubt« – gelaufen bin ich 2:38:36 und einige weitere Male unter meiner Faustformel-Marke von 2:44. Das war, als ich Anfang/Mitte Dreißig war. Jetzt, mit über 60 Jahren und fast 30 Jahren als Ultraläufer, bin ich über die kürzeren Strecken allmählich relativ besser als über Marathon geworden. Oder anders ausgedrückt: Der altersgemäße Leistungsrückgang ist bei mir auf den (ungeliebten) kürzeren Distanzen weniger ausgeprägt als bei Marathon und mehr.

Macht Ultralaufen doof?

Ja, aber glücklicherweise nur vorübergehend.

Du hast bestimmt schon erlebt, z. B. jenseits von km 30 eines voll gelaufenen Marathons, dass Dir einfaches Kopfrechnen nicht mehr gelingt, dass Dir alle möglichen queren Assoziationen ungefragt durch den Kopf tanzen, dass Du einen verdammt engen Tunnelblick bekommst, keine vernünftigen Sätze mehr rausbekommst (und zwar nicht wegen Atemnot) usw. usw. Das gibt sich alles spätestens eine Viertelstunde nach dem Finish. Bei Ultraläufen können ganz ähnliche Phänomene auftreten – hier eher durch die Dauer als die Intensität der Anstrengung. Im 24-h-Lauf kann es Phasen geben, in denen man quasi im Laufen »pennt« – alle Deine Wahrnehmungssinne sind auf absoluten Energiesparmodus runtergefahren. So lange Du dabei vorwärts läufst und nicht an den minimalsten Bodenunebenheiten hängen bleibst, gar nicht mal so schlecht ... Aber in einem Wettkampf ist es schon besser, wenn man zu jeder Zeit relativ wach und aufmerksam durch die Gegend läuft. Ilona Schlegels »Dilledöppchen« haben als Betreuer in 24-h-Rennen meist in den grauen Morgenstunden (für alle) gut lesbare Schilder mit Rätselfragen oder ganz einfachen Fragen (»Was ist Deine Startnummer?«) in die Laufrichtung gehalten und z. B. auch mich »Penner« wachgerüttelt – die wussten, dass man vorübergehend doof werden kann und dass man für ein ordentliches Finish besser wieder seine sieben Sinne zusammensuchen sollte.

Langfristige Wirkungen hab ich weder bei mir noch anderen Ultras festgestellt. Sogar die Studie an den Teilnehmern des Transeuropalaufs 2009 hat per Messungen ergeben, dass die Gehirnmasse während der 67 Tage und 4500-Lauf-km tatsächlich im Schnitt um ein paar Gramm abgenommen hatte, aber nach ein paar Wochen »normalem« Leben bzw. Laufen alles wieder auf dem alten Stand war.

Macht Ultralaufen kreativ/innovativ?

Leider auch nicht.

Auf den kürzeren Dauerläufen von rund einer Stunde Dauer ist es Dir sicher auch hier und da passiert, dass Dir die tollsten Ideen zu Problemen in den Kopf schießen, zu denen Dir in der Hektik des Arbeitsalltags aber auch überhaupt nichts einfallen wollte. Die Flutung des Gehirns mit Sauerstoff kann schon erstaunliche Potentiale zum Vorschein bringen – und deswegen hatte ich im letzten Jahrtausend zeitweise ein Diktiergerät auf meine Trainingsrunden mitgenommen, weil ich mich ohne Gedächtnisstütze nach dem Lauf immer nur höchstens an die letzte Idee erinnern konnte, obwohl ich bestimmt 5 oder 6 tolle Einfälle während des Laufens hatte. Diesen Booster-Effekt auf die kreativen oder innovativen Gehirnbereiche habe ich auch auf den ersten 1–2 Stunden von meinen längeren Trainingsläufen erlebt. Aber danach verebbt der Strom der Gedankenblitze. Also kann ich bei mir leider keine über die bei Lauf-Normalos hinausgehende ultra-spezifische Gehirnstimulierung direkt während des Laufens feststellen. Und, mit Verlaub, bei anderen Ultraläufern auch nicht ... Dieser schöne Nebeneffekt des Laufens kann sich halt bei allen einstellen, die sich ein, zwei Stunden an der frischen Luft bewegen – und zwar in einer Intensität weit unterhalb der individuellen Leistungsgrenze.

Ob dann unser langes Laufen wenigstens noch nachträglich die Gehirnzellen aktiver hält (so wie Muskeltraining noch einen nachlaufenden Kalorienverbrauch bewirkt), wage ich auch zu bezweifeln. Das Zufriedenheitsgefühl nach einem schönen langen Lauf überwiegt, und Zufriedenheit ist ja bekanntlich keine gute Seelenlage für das Aufkommen von innovativen Gedanken ...

Was ist der beste Laufstil für Ultraläufe?

Der beste Laufstil ist der, welcher ***Dir*** *das beste Gefühl gibt, dass Du mit minimalem Energieverbrauch relativ zügig vorwärts kommst.*

Da kann es individuell sehr große Unterschiede geben, die man ja bereits auch im Marathon-Spitzenbereich bei den großen Rennen immer wieder verwundert bestaunen kann. Aber ebenso wie im Marathon kann man für Ultraläufe schon beschreiben, wie es denn *idealerweise* laufen sollte: Der ideale Ultralaufschritt für Strecken ab 100 km sieht nicht besonders dynamisch aus, sondern eher flüssig-rationell:

1. wenig Kniehub und generell wenig Bewegung in der Vertikalen – der Kopf des Läufers wird vom restlichen Körper mit einer möglichst geringen Abweichung von einer horizontalen Linie parallel zur Laufoberfläche vorwärts bewegt. Laufen wird ja gern als Aneinanderreihung von vielen kurzen Sprüngen beschrieben (und im Gegensatz zum Gehen sind für eine kurze Zeit ja tatsächlich auch beide Füße in der Luft). Es kommt beim Langstreckenlauf und erst recht beim Ultralauf darauf an, so wenig wie möglich an Energie zum Hochspringen zu vergeuden. Also so wenig wie möglich nach oben, sondern nach vorne »springen«.
2. Wenig Wert auf einen dynamischen Fußabdruck legen: der ermüdet nämlich die Wadenmuskulatur, verführt zum unökonomischen Hochspringen. *Gute Ultraläufer springen nämlich auch nicht vorwärts, sie gleiten* eher über den Parcours.
3. Eine Schrittfrequenz von ca. 90 Halbschritten pro Minute mit
4. guter Körperspannung und austariertem Armeinsatz.

Ein solcher Laufstil ist ideal, um viele befriedigende Ultralauf-Erlebnisse und -Ergebnisse einzufahren. Er ist für kürzere Distanzen auch nicht verkehrt, aber ganz schnelle Rennen kann man damit nicht erwarten.

Soll ich meinen Laufstil ändern, wenn er zu weit vom idealen Ultralaufstil weg ist?

Vieles gibt sich von alleine, wenn Du nur vernünftig trainierst.

Wir wissen ja alle, dass es ziemlich schwierig ist, seinen Laufstil zu ändern. Jedenfalls viel schwieriger, als z. B. gezielt das Wettkampftempo für einen Halbmarathon zu erhöhen. Deswegen (»bringt mir nichts«) verzichten die meisten Läufer gleich komplett auf eine bewusste Verbesserung ihres Laufstils. Je länger allerdings die Strecke, desto gravierender können die Folgen eines schlechten Laufstils werden. Für Ultras ist ein ökonomischer Laufstil nicht nur ein wichtiger Faktor für gute Wettkampf-Ergebnisse, sondern auch entscheidend dafür, ob man lange Freude am Ultralaufen hat oder sich von einer chronischen Verletzung in die nächste hinein läuft.

Die gute Botschaft ist, dass Du mit einem ausgewogenen Training Dein läuferisches Gesamtkunstwerk schon fast automatisch in Richtung idealer Laufstil veränderst. Ausgewogen heißt: Sinnvolle Abwechslung von Hochbelastungs- und Ausruhphasen über das ganze Jahr, über eine Trainingswoche und z. T. sogar in der einzelnen Trainingseinheit; kein einseitiges reines Ausdauertraining, sondern Einstreuen von Tempotraining zur richtigen Zeit in der richtigen Intensität, sowie Ausgleichsgymnastik zum Kontern der Überlastungsrisiken, die durch alleiniges Laufen zwangsläufig zu Verspannungen, Gelenkproblemen und Fehlhaltungen führen. Mehr dazu dann später in den Trainingsabschnitten dieses Buchs.

Wenn Du bewusst Deinen Laufstil ändern willst, mach das bitte nur mit einem guten Trainer. Nur jemand, der mit dem ausgebildeten Blick Deinen Laufstil von außen sieht, kann Dich hier vorwärts bringen – dies ist ein Gebiet, wo Du rein autodidaktisch doch sehr beschränkt bist.

Gibt es spezielle Laufschuhe für Ultradistanzen?

Nein.

Es gibt allerdings ein paar Dinge, die bei der Auswahl von Laufschuhen für Läufe über sehr lange Distanzen beachtet werden sollten. Vereinfacht gesagt: Die Überlegungen, die für die Wahl eines Marathonschuhs relevant sind, gelten erst recht für Läufe jenseits der Marathondistanz. Also lieber eine Nummer größer, lieber etwas mehr Gewicht und dafür auch mehr Halt/Stabilität.

Apropos Gewicht: Während des Laufens aufgesaugte Flüssigkeit (Schweiß, Regen, Kühlwasser etc.) kann einen Laufschuh, der im trockenen Zustand zu den Leichtgewichten zählt, verdammt schwer machen. Das Flüssigkeitsvolumen, das vom Laufschuh gespeichert werden kann, ist abhängig von seinem Aufbau und den verwendeten Materialien, also auch von Laufschuh zu Laufschuh unterschiedlich. Je nach Strecken- und Witterungsbedingungen kann man also vielleicht mit einem Schuh A, der trocken etwas schwerer ist als Schuh B, trotzdem über die gesamte Lauflänge gesehen die bessere Variante an den Füßen haben.

Kann mit Ultralaufen Geld verdient werden?

Ja, aber in vergleichsweise homöopathischen Dosen.

Im Gegensatz zum Marathon, wo z. T. ja schon 6-stellige Antrittsgelder und Siegprämien in der Höhe von mehrfachen Jahresgehältern (mitteleuropäischer Standard) gezahlt werden, ist das Ultralaufen eine Sportart, in der sich eher waschechte Amateure messen. Offiziell gehört das Ultralaufen aktuell zu den nicht-olympischen Sportarten, wobei bis weit in die zweite Hälfte des vorigen Jahrhunderts akribisch darauf geachtet wurde, dass Teilnehmer an olympischen Spielen wirklich echte Amateure waren und aber auch gar keine materielle Entlohnung für ihre sportlichen Leistungen erhalten durften. Echt paradox …

Ultralaufen ist in den USA seit mehreren Jahren sehr trendig geworden und insbesondere die Ultratrails bzw. als solche bezeichnete Klassiker wie der Western States oder Badwater genießen schon seit den achtziger Jahren mit 1–2-stündigen TV-Zusammenfassungen in den US-Network-Stationen wie ABC oder CBS eine für Ultraläufe ungewöhnlich hohe mediale Aufmerksamkeit. Im Ultratrail gibt es viel Geld zu verdienen: für Ausrüster, zumindest manche Veranstalter und darum rankende Dienstleistungen, und hier gibt es bei den großen Läufen tatsächlich auch Preisgelder, die mehrere tausend Dollar betragen können. Auch die Internationale Ultramarathon-Assoziation IAU, der weltweite Fachverband für das Ultralaufen und Ausrichter der Weltmeisterschaften in den Disziplinen 50 und 100 km, Ultratrail sowie 24 h hat damit begonnen, Preisgelder für die WMs auszuloben.

Dennoch, trotz großer Zuwachsraten bei der Anzahl an aktiven Ultraläufern von oft 10% von Jahr zu Jahr, wird unsere geliebte Sportart kein Massensport werden – weder in der Zahl der aktiven Ultras noch in der Zahl der passiven Zuschauer. Schon Marathon ist übrigens kein Massensport, das vergessen wir Läufer sehr leicht...Wer also mit seiner Lauferei wirklich Geld verdienen will, kann das nicht über Preis- oder gar Antrittsgelder in Ultraläufen realisieren.

Auch Sponsoren halten sich bei Ultraathleten vornehm zurück – hier geht der Geldhahn eher für Geschichten-Erzähler, Selbst-Promoter und Wichtigtuer mit oder ohne Promi-Bonus auf, weniger für die Leistungsspitze. Allerdings könnte ich mir vorstellen, dass die steigende Zahl an Ultraläufern und eine verstärkte Berichterstattung doch bald zu dem Punkt führt, an dem wirklich objektiv erfolgreiche Ultraathleten wie Welt- und Europameister oder mehrfache Deutsche Meister etwas mehr warmen Sponsoren-Geldregen auf sich ziehen. Denn für viele Firmen sind erfolgreiche Sportler gute allgemeine Vorbilder, um ihre Mitarbeiter zu (nicht-sportlichen) Höchstleistungen zu motivieren – denn Ultralaufen hat den Charme, dass man kein begnadetes Talent sein muss, sondern mit einem motivierenden Ziel, ehrlicher Trainingsarbeit und Geduld sich Erfolge erlaufen kann.

Wird im Ultramarathon gedopt?

Fast sicher ja.

Der finanzielle Anreiz, sich mit betrügerischen Machenschaften Wettbewerbsvorteile zu verschaffen, ist zwar deutlich geringer als z. B. im Marathonlauf. Auch das generelle öffentliche Interesse an Ultralaufergebnissen ist gering bis gar nicht vorhanden. Aber das spezielle Interesse »in der Szene« dürfte einigen ausreichen, beim oder vor dem Wettkampf nachzuhelfen. Obwohl es nur wenige echt ertappte Doper unter den Ultraläufern gibt, habe ich doch ein paar andere Betrugsversuche erlebt (wie das Mitfahren auf den Begleitfahrrädern in der Nacht der 100 km in Biel, oder betrügerisches Abkürzen), die mir gezeigt haben, dass es auch unter uns Ultraläufern schwarze Schafe gibt, denen es nicht ausreicht, eine ehrliche Leistung aus eigenem Vermögen zu liefern.

Dieses Abliefern einer ehrlichen Leistung aus eigenem Vermögen ist ja für die große Mehrheit der Ultraläufer eine wichtige Triebfeder, überhaupt weiterhin Ultraläufe zu machen. Welche Trainingsmaßnahme, welche taktischen Feinheiten wieviel bringen, ist immer wieder spannend zu fragen und wird mit dem ehrlich erlaufenen Wettkampfergebnis beantwortet – manchmal ungefähr, manchmal eindeutig. Deswegen sind alle Betrügereien wie *Doping, Abkürzen* oder *Fremdhilfe in Anspruch nehmen* nicht nur im Höchstmaß unfair, sondern auch ein riesiger Selbstbetrug.

So sehen es aus meiner Einschätzung die allermeisten Ultraläufer – aber es wäre naiv zu glauben, dass es wirklich alle auch so handhaben.

Ultra-Training – Die Bausteine eines Trainingsprogramms

Welche Ziele kann bzw. soll man mit Ultra-Training verfolgen?

Sich in eine bessere Form für Ultraläufe zu bringen, ohne sich zu verletzen.

Hauptziel A: Es geht immer darum, sich gezielt in eine bessere Form zu bringen. Entweder für einen einzigen Haupt-Wettkampf oder eine Serie von Läufen. Oder aber auch, um eine gewisse Ultra-Fitness zu bewahren – um sozusagen von einem höheren Anfangsniveau in die nächste ernsthafte Trainingsperiode gehen zu können.

Hauptziel B ist, sich im Training nicht zu verletzen. Klingt jetzt blöd, aber wer schon mal wegen einer nicht schnell genug auskurierenden Verletzung es nicht an die Startlinie oder nach einem verzweifelten Versuch nur ein paar km im Rennen geschafft hat, wird schon eher zustimmen, dass es erst einmal das wichtigste Ziel überhaupt ist. Auch verletzungsbedingte Abstriche im eigentlich geplanten Trainingspensum weit vor dem Wettkampftermin sind nicht gerade optimal, sich in eine bessere Form zu bringen …

Im Grunde genommen ist jedes Ultratraining immer ein sehr feines Austarieren der Einheiten, die maximale Formsteigerung bringen, ohne dass man in eine Verletzung oder Infektion hinein läuft. Im Spitzenbereich ist das oft ein Ritt auf der Rasierklinge: Eine einzige Einheit nur ein wenig länger oder härter »als gesund« gelaufen, kann einen deutlichen Rückschlag für den bis dahin erzielten Formaufbau bedeuten. *Ein* Grund, warum ich sehr skeptisch zu publizierten Trainingsplänen »für die Allgemeinheit« bin.

Was ist davon zu halten, dass viele Leute sagen: Für den Ultra trainierst Du wie für einen Marathon und machst halt zwei lange Einheiten länger als 50 km?

Davon ist einiges zu halten. Man braucht keine neuen Trainings-Ratgeber zu kaufen, zieht ein bereits erprobtes Programm durch und kommt damit ganz gut klar.

Stimmt aber nicht für alle Läufer und längst nicht unter allen Umständen. Ich glaube, dass z. B. 100-km-Novizen mit einem Marathon-Trainingsplan, in dem zwei >30-km-Läufe durch zwei 50–60-km-Läufe ersetzt werden, recht gut bedient werden. Oder auch Leute, die ab und zu (maximal 1x pro Jahr) ganz gerne auch mal einen Ultra laufen, der dann in der Regel ja auch nur so 50–80 km lang sein wird. Also: Für Neu- und Gelegenheits-Ultras sollte ein leicht aufgepepptes Marathon-Training völlig ausreichen.

Die Anwendung von quasi-Marathonplänen für Ultraläufe ist dagegen für erfahrenere Ultras nicht mehr so effizient, denn sie sollten den Schwerpunkt eher auf viele im Ultrawettkampf-Tempo absolvierte km legen und z. B. das schnellere Tempotraining in der unmittelbaren Vorbereitungsphase 8–12 Wochen vor dem Ultrarennen eher maximal im gefühlten Halbmarathontempo absolvieren. Richtig Tempo solltest Du als Hardcore-Ultraläufer durchaus auch trainieren, aber erst nach Abschluss der Ultrasaison und einer relativen Ruhephase.

Und für die längeren Kanten (100 Meilen, 24 h, 200 und mehr km Non-Stop) ist ein Marathonplan auch nicht mehr viel besser als gar kein Plan – auf Deutsch: ungeeignet! Hier gilt es, sich in den 8–12 Vorwettkampfwochen auf eine mehr als 12-stündige ununterbrochene Zeit auf laufenden, ab und zu gehenden Beinen vorzubereiten bzw. sich zu diesem Laufvermögen hochzuschaukeln. Auch Dein Verdauungssystem muss auf die Anforderungen einer stundenlangen Arbeit im »Schaukelmodus« vorbereitet sein. Da sind nur zwei 50–60-km-Läufe zu wenig und wöchentliches schnelles Intervalltraining zu viel und zu scharf. Im Gegenteil: Viele Heißsporne müssen erst mal lernen, wie man ökonomisch langsam läuft.

Wie sollte man sich auf seinen ersten Ultra vorbereiten?

Je nach Deinem Naturell sehr gründlich oder es einfach mal spontan versuchen.

Voraussetzung für diesen Ratschlag ist, dass Du bereits Marathon-Erfahrung hast. Du musst noch nicht mal unbedingt einen Marathon im Wettkampf gelaufen haben, aber Du solltest lange Läufe von über 30 km Länge sicher beherrschen. Und es ist schon sehr hilfreich, ein paar echte Marathons auf Zeit gelaufen zu sein, um die Risiken bei Deinem Premieren-Ultra einigermaßen in Schach zu halten.

Auf welche Risiken muss man denn bei seinem ersten Ultra achten?

Das größte bzw. einzig wirklich wichtige Risiko ist das einer Gesundheitsgefährdung.

Ultraläufe sind sicherlich in dieser Hinsicht höchstens so riskant wie Marathons oder Halbmarathons, aber Du solltest schon wissen, wie sich körperliche Erschöpfungszustände anfühlen und z. B. muskuläre Schwäche von einer Dehydrierung unterscheiden können. Zu großer Ehrgeiz auf zu dünner Fitness-Basis kann sogar fatale Folgen haben.

Manche Ultralaufveranstalter verlangen von den Teilnehmern ein medizinisches Zertifikat, das ihnen »Sportgesundheit« bescheinigt. Dich medizinisch durchchecken zu lassen, kann im Negativfall wichtig sein: es schützt z. B. Leute mit Herzproblemen vor einer ihnen nicht angemessenen Aktivität. Umgekehrt ist eine Dir nach einem Check am Tage Y bescheinigte Sportgesundheit noch lange keine Garantie, dass Du am Tage X ohne medizinische Probleme durchkommen wirst. Also: Egal ob mit oder ohne Zertifikat bist Du ab dem Augenblick, wo der Startschuss ertönt bis zum hoffentlich erfolgreichen Zieleinlauf (und nicht bis zum Kollaps) für Dich ganz alleine zuständig. *Du* musst entscheiden, ob Du das Tempo aufrecht erhältst, *Du* musst das und so viel trinken und evtl. essen, was *Du* in diesen Augenblicken für richtig hältst etc. Ohne eine ausreichende Selbstkenntnis, wie es sich nach 4 oder 5 Stunden Laufen anfühlt (= Lauferfahrung), wirst Du wahrscheinlich nicht die richtigen Konsequenzen aus den Signalen ziehen, die der Körper Dir sendet.

Das zweitgrößte Risiko ist, dass Du nach Deinem ersten Ultra die Flinte ins Korn wirfst und Dein erster auch gleich Dein letzter Ultralauf war – und zwar objektiv gesehen völlig unnötigerweise. Solche Kurzultralaufkarrieren-Schicksale sind absolut vermeidbar. Na gut, wer vorher bereits keinen echten Bock auf lange Läufe hatte, okay, der kann sich dann auch mit einem einzigen Ultra zufriedengeben. Aber wer in das Profil der Frage »Wer sollte Ultras laufen« passt, sollte sich ganz cool sagen: »Mit einem Messer im Rücken gehe ich noch lange nicht nach Hause«. Sprich: Herausfinden, was denn an diesem Ultra schief gelaufen ist und es das nächste Mal deutlich besser machen.

Der häufigste Grund für Frust nach dem Wettkampf ist ein viel zu schnelles Anfangstempo. Das kann entweder daran liegen, dass Du nach all den guten Trainingswochen und dem disziplinierten Tapering an der Startlinie vor Kraft fast explodiert wärst und Deine Beine auf den ersten 10, 20 km »einfach nicht langsamer konnten« (hab ich schon so oft gehört …) oder dass Du aufgrund von superschnellen Unterdistanz-Leistungen oder einem blöden Rechenfehler Dein Wettkampfziel für den Ultra zu ambitioniert gesetzt hast. Wie alle Fehler, sind auch diese beiden echt vermeidbar – das nächste Mal den oder die Fehler nicht zu wiederholen, nennt man »Erfahrung gesammelt«. Oder wie Ilona Schlegel, eine hervorragende 100-km- und 24-h-Läuferin so schön sagt: »Ist der Lauf nicht Dein Freund, so ist er Dein Lehrer«. Vielleicht hast Du aber auch ein prima Rennen fast bis zum Zielstrich gehabt, und nur auf den letzten 10 km haben Dich reihenweise Leute überholt, weil Du »hinten raus rausnehmen« musstest. Naja, kann auch an einer zu dünnen Trainingsdecke liegen. Waren die »Langen« lang genug? Hast Du Dich während des Rennens ausreichend verpflegt? Hat Dein Verdauungsapparat verrückt gespielt?

Weitere Risiken sind kaum der Rede wert:

- dass Du Dich unter Wert verkaufst/blamierst. Das ist Stuss – wir Ultraläufer wissen, dass jedem was schief gehen kann. Florian Reus hat seinen 24-h-Lauf in Taiwan 2015, bei dem er mal grad so 201 km geschafft hat, nachdem er im gleichen Jahr Weltmeister auf dieser Distanz (mit Jahresweltbestleistung von fast 264 km) geworden war, ganz cool und selbstironisch (»War halt gegen Ende 'ne ziemlich lange Tageswanderung«) kommentiert, aber auch das Positive »Never give up« und »Daraus lerne ich ...« herausgekehrt.
- Dass Du Dich im Ultra-Rausch verläufst – tja, ein paar km mehr sind ja jetzt nicht sooo schlimm und die darfst Du von der Endzeit abziehen (natürlich nur für Dich virtuell); falls Du deswegen aufgegeben hast, hast Du wenigstens eine scheinbar plausible Begründung für Deine Aufgabe – die ich übrigens nicht gelten lassen würde. Denn mangelnde Aufmerksamkeit ist entweder eine Schwäche, die Du Dir in der Vorbereitung nicht abtrainiert hast, oder ein Fehler in der Konzentration auf den Wettkampf. Ich weiß, wovon ich rede, denn bei meinen rund 100 Ultras habe ich mich auch 3x ganz schön vergaloppiert...
- Die üblichen Läuferrisiken wie Hunde(-leinen), Habichte, Mopeds, Fahrräder, Baumwurzeln, Schlaglöcher, rutschige Kurven, Geröll etc.: Damit kennst Du Dich ja schon aus. Der einzige ultraspezifische Aspekt ist hier, dass sowohl die Reaktions- als auch die Koordinationsfähigkeit nach 5, 6 Stunden ziemlich in den Keller gehen.

Kann man Ultras auch ohne spezielle Vorbereitung nur mit normalem Marathon-Training laufen?

Man kann, aber es wird kein Vergnügen.

Einen 50-km-Babyultra wirst Du an einem guten Tag nur aus dem Marathontraining heraus gerade noch einigermaßen hinbekommen, darüber hinaus wird es auf jeden Fall zäh.

Ganz ohne lange Läufe von mehr als Marathon bist Du halt einfach nicht auf den langen Ultrawettkampf vorbereitet. Natürlich kann man auch unvorbereitet an den Start gehen und den Lauf dann heldenhaft leidend durchziehen; aber Du wirst Dein Leistungspotential nicht annähernd umsetzen können.

Klare Empfehlung: weiterlesen und mindestens zwei lange Läufe länger als Marathon machen!

Kann man Ultras auch ohne spezielle Vorbereitung, sogar ohne Marathon-Training laufen?

Auch das geht – und auch der »mutige« Athlet vielleicht schon nach 30 oder 40 km …

Es ist keine große Leistung, sondern zeugt nur von der guten generellen Ausdauerleistungsfähigkeit der Tierart Homo sapiens, dass sich auch praktisch Untrainierte durch einen Ultramarathon durchbeißen und finishen können. Spaß macht das aber nur wirklich masochistisch veranlagten Typen, und die vorhin aufgeführten Risiken für Ultranovizen, besonders die Gesundheitsrisiken, haben hier eine Eintrittswahrscheinlichkeit von 99%. Deswegen habe ich 0% Bewunderung für solche Leute übrig, und auch mein Mitleid hält sich in Grenzen.

Eigentlich ist es nämlich verantwortungslos den anderen Mitläufern und dem Veranstalter, vor allem aber auch sich selbst gegenüber, in Biertheken-Wettlaune »einfach mal so« einen Ultra zu versuchen, d. h. die Risiken völlig untrainiert einzugehen. Schon bei Marathonläufen nerven mich diese eher traurigen Figuren.

Welche Art Trainingsläufe gehören in das Programm des Ultraläufers?

Als Ultraläufer, der ja seinen Sport aus Idealismus und nicht zum Geld-Scheffeln ausübt, machst Du besser nur wichtige, sinnvolle Einheiten.

Du brauchst vor allem Ausdauer, die Du Dir mit langen ruhigen Läufen, in der Spezialvorbereitungsphase auch mit Läufen deutlich jenseits der Marathondistanz holst.

Du brauchst auch die ganze Palette von Läufen, die Deine Grundschnelligkeit erhalten oder verbessern. Also Kurz- und Langintervalle, Hügelläufe, Tempowechselläufe, Fahrtspiel und sogenannte Tempoläufe (mehrere km hintereinander im Tempo der anaeroben Schwelle).

Und zur verdaulichen Erhöhung Deines km-Pensums dienen dann die 1- bis maximal 2-stündigen Dauerläufe, in der Regel etwa im Tempo der Langen oder etwas schneller.

Welches Lauftraining besser nicht?

Bis auf die superharten Kurz-Intervalle (alles unter 400 m) kannst und sollst Du alles machen – aber alles zu seiner Zeit!

Es wäre z. B. total unnütz bzw. würde die Spezial-Vorbereitung auf einen 24er ziemlich stören, wenn Du versuchst, jede Woche 1000-m-Wiederholungen im 5-km-Renntempo zu absolvieren. Das ist selbstverständlich eine wirksame Trainingseinheit, um Deine Grundschnelligkeit zu erhöhen, aber Du solltest solche harten Tempo-Einheiten ins Grundlagentraining in die Nebensaison verlagern – denn während der Vorbereitung auf den 24er musst Du Dein Augenmerk auf ganz andere Tempobereiche legen; mit den vielen Kilometern der 24er-Vorbereitung in den Beinen kannst Du zudem in dieser Trainingsphase gar nicht so schnell laufen und solltest es in dieser Phase auch nicht versuchen.

Welche Trainingseinheiten sind denn für Ultraläufer am wichtigsten?

Eindeutig die langen und superlangen (> 50 km am Stück) Einheiten.

Wenn Du Dir vorstellst, dass Du auf einen der Trainingsbausteine verzichten müsstest, dann wäre der Verzicht auf Intervall-, Tempo-, Fartlek-, Hügel-/Berg- oder normalen 1–2-Stunden-Läufe zu verschmerzen. Bernd Juckel hat 2016 einen M65-Rekord über 50 km erzielt, obwohl er in der Vorbereitung keine Intervall-Einheiten absolvieren konnte (dafür aber 7x »lang« gelaufen ist). Fehlende Intervalle kannst Du z. B. durch Fartlek kompensieren, fehlende Tempoläufe durch Langintervalle, und Hügel-/Bergtraining auch durch Intervalle, am besten kombiniert mit Krafttraining. Aber vor einem Ultra keine »Langen« gemacht zu haben, kannst Du nur unvollständig durch km-Sammelei bei den anderen Einheiten kompensieren. Du wirst halt im Wettkampf evtl. vor Ablauf der ersten Hälfte an Deine Ausdauergrenze geführt. Da kann man sich durchbeißen – aber Spaß macht es nicht, gesund ist es nicht, und eine gute Leistung kommt garantiert nicht dabei heraus.

Wie lang sollten denn die Langen sein?

Die langen Läufe sollten einige Stunden dauern, je nach Länge des Hauptwettkampfs und je nach Trainingszustand. Die längste Einheit läufst Du etwa 3 Wochen vor dem Tage X.

Der beabsichtigte Haupteffekt der Langen ist es, Deinen Körper daran zu gewöhnen, dass er ab und zu mal mehrere Stunden lang konstant submaximale Leistung zeigen muss. Damit die Anpassungsprozesse im Körper optimal ablaufen können, darfst Du bei diesen langen Einheiten aber nicht an *Deine jeweils aktuelle* Belastungsgrenze gehen. Wenn Du Dich völlig verausgabst, wird Dein Körper mit allen möglichen Stress- und Kater-Symptomen reagieren und nicht den gewünschten Anpassungsprozess, sondern ein Notfall-Programm fahren – evtl. inklusive Fieber.

In der Praxis bedeutet das, dass Du die Langen schonend langsam läufst (→ »In welchem Tempo sollte man die Langen durchführen« S. 41f.); es bedeutet aber auch, dass Du von Woche zu Woche keine Riesensprünge bei der zurückgelegten Distanz machen sollst. Also z. B. lieber erst mal von 40 auf 45 km statt auf 50 km gehen. Deine lange Einheit ist dann geglückt, wenn Du auf den letzten Kilometern das deutliche Gefühl hast, in diesem Tempo noch locker eine weitere Stunde laufen zu können.

Warum muss man überhaupt längere Läufe von 50, 60 km machen – reichen denn 35 km nicht aus?

Weil Dein Körper nicht erst im Wettkampf die besonderen Anforderungen eines Ultralaufs zum ersten Mal kennenlernen sollte.

Um die Fettverbrennung zu aktivieren, reichen wahrscheinlich schon 35 km. Allerdings gibt es auch Spitzenmarathon-Läufer, die sich von einem Überdistanz-Training mit Einheiten von 45 km und mehr offenbar etwas versprechen. Für die ernsthafte Vorbereitung auf ein 6-h- oder 100-km-Rennen reichen die 35 km nicht aus, denn so ein Ultra stellt noch andere Anforderungen an die Athleten als eine sauber funktionierende Fettverbrennung. Nämlich an die Sehnen, Gelenke, an das Aushalten einer ziemlichen Monotonie und an die Aufnahme und Umsetzung von Nahrung.

Und diese Anpassung Deines läuferischen Gesamtkunstwerks gelingt ganz gut mit ruhigen Läufen von 50 km und noch länger. Sie gelingt ganz sicher nicht perfekt, sprich ein noch längerer Lauf könnte eine noch bessere ganzheitliche Anpassung bringen. Aber ein noch längerer Lauf würde Dich so mürbe machen, dass Du tagelang überhaupt nicht mehr aktiv trainieren könntest, sondern wie nach einem Wettkampf höchstens regenerative Einheiten machen kannst. Im Widerstreit zwischen optimaler Langdistanz-Anpassung und schneller Regeneration für baldige nächste Form-aufbauende Trainingseinheiten sind 50–60 km lange Läufe ein ganz guter Kompromiss für die Wettkampf-Distanzen zwischen 100 km und den 24 h, jedenfalls für die meisten Läufer. Ausnahmekönner über 24 h gehen auch auf Trainingsläufe von z. T. mehr als 100 km – sie profitieren hier von rohem Talent und einer jahrelang aufgebauten Ausdauerbasis. Und wieder andere machen grundsätzlich keine längeren (Solo-)Trainingsläufe von mehr als 35 km, sondern holen sich die nötige Langausdauer-Fitness über Ultrawettkämpfe, die sie rein aus Trainingszwecken bestreiten (→ »Viele Ultras bereiten sich durch zunehmend längere/anspruchsvollere Aufbauwettkämpfe auf ihren Hauptwettkampf vor – was ist dabei zu beachten?« S. 121 und weitere im Kapitel Ultra-Kalender ab S. 117). Hier lauern aber Gefahren, die die meisten Ultras bei einem echten Trainingslauf besser im Griff haben.

Sind solche langen Läufe nicht total langweilig?

Wenn Du lange Läufe als langweilig empfindest, bist Du wahrscheinlich im Ultralager nicht gut angesiedelt.

Es ist für viele Außenstehende bereits unbegreiflich, dass die 24-h-Läufer auf ihren 1- bis 2-km-Runden nicht bereits vor Langeweile sterben. Und wenn sie erst wissen, dass wir auch im Training 6 Stunden oder so auch oft auf einer recht kleinen Runde ununterbrochen unterwegs sind, dann werden wir auch gern bemitleidet »Also, DAS (immer die gleiche Runde laufen) könnte ich nicht«. Recht haben sie ja, denn DAS können sie nicht, aber nicht wegen der fehlenden Abwechslung, sondern wegen ihrer fehlenden Ausdauerfähigkeit.

Es ist also eigentlich an uns, Mitleid mit unseren Bemitleidern zu haben, denn sie können es nicht, selbst wenn sie es ernsthaft versuchen würden. Aber mal ganz abgesehen von dieser recht banalen Unfähigkeit zu langen Ausdauerleistungen entgeht unseren Bemitleidern eine ganz andere, vielleicht noch wichtigere Sache: Wir freuen uns daran wie Kinder, auf der Strecke zu sein, und wenn es eine zig-mal wiederholte Runde ist, freuen wir uns an kleinen Details, die wir erst beim 5. Durchlauf wahrnehmen. Und dann gibt es da noch das Wandernlassen der Gedanken und das freie Assoziieren, den regelmäßigen bewussten oder unbewussten Selbstcheck, ob alle körpereigenen laufrelevanten Systeme noch gut mitmachen, das allmählich wechselnde Licht je nach Sonnenstand oder Temperaturunterschiede zwischen Regenschauern oder Mikroklimazonen, die von Otto Normalverbraucher niemals wahrgenommen werden, oder das kreative Lösen von kleinen oder großen Problemen. Das sind Erfahrungen, die mit der Haltung »DAS könnte ich nicht« nur sehr selten gemacht werden können, weil diese Leute viel zu sehr auf die Stimulation mit auffälligen Außenreizen angewiesen sind und nicht die innere Ruhe finden, sich am Anblick der blöden kleinen Asphaltfalte kurz vor der Bordsteinkante zu freuen …

Und wer von uns – wie viele Ultratrailer – viele kleine Runden laufen *kann*, aber einfach nicht *mag*: Du kannst Deine langen Läufe auch als Mini-Abenteuer arrangieren. Fahr mit dem Zug 40, 50 km raus und lauf mit oder besser noch ohne GPS über Wander- oder Radwege oder halt mitten durch die Prärie zurück. Nimm etwas Geld mit, um Dir unterwegs was zu trinken zu kaufen (oder zapf das Friedhofswasser an). Du kannst Dich mit Freunden zu Pausen oder abschnittsweise gemeinsamem Laufen verabreden etc. etc.

In welchem Tempo sollte man die Langen durchführen?

In sehr ruhigem Tempo. Es ist wichtig, lange auf den Beinen unterwegs zu sein und nicht schnell zurück unter der Dusche.

Egal wie viele Kilometer auf dem Plan standen: Du darfst nicht völlig ausgepumpt ankommen – sonst war es kein Training, sondern Wettkampf. Du läufst also die Langen so langsam an, dass Du jederzeit, vor allem auch gegen Ende, noch locker beschleunigen *könntest*. Diese Beschleunigung machst Du aber entweder überhaupt nicht, oder aber (noch besser) Du beschleunigst am Ende nur ganz ultradosiert, so dass Du immer noch schneller könntest. Sprich: NICHT BIS ZUM ANSCHLAG, sondern bis maximal zu Deinem vermutlichen 100-km- oder 6-h-Renntempo beschleunigen.

Ein guter Test, ob der Lange für Deinen aktuellen Trainingszustand zu lang und/oder zu schnell oder aber bekömmlich war, ist ein kurzer (10 km oder so) Testlauf etwa 4–6 Tage danach. Kann sogar ein Wettkampf sein. Wenn Du Dich da müde fühlst, war der Lange zu intensiv und hat nicht zur Formsteigerung beigetragen. Wenn der Lange zuvor aber den gewünschten positiven Effekt hatte, läufst Du im Bereich Deiner besten Leistungen über diese Teststrecke!

Wie viele Lange soll man denn vor dem wichtigen Ultra-Wettkampf absolvieren?

Etwa 5–8, wobei mindestens 2 länger als Marathon sein sollten, der Rest dient u. a. dazu, sich langsam bis zu der maximalen Trainingslauf-Länge hochzuhieven.

Beim Hochhangeln z. B. auf 60 km maximale Länge wird gern die 10%-Regel zitiert: jeder Lange sollte nur 10% länger als der bis dahin längste Lauf sein. Also z. B. ca. 35, 38, 42, 46, 50, und dann 55 km. Das ist ein Hochhieven, bei dem das Überlastungs- bzw. Verletzungsrisiko in Schranken gehalten wird.

Meiner Erfahrung nach darf man so bis Mitte 40 diese 10%-Regel etwas großzügiger interpretieren; spätestens ab 55 Jahren empfehle ich sie wärmstens.

Kann man die überlangen Läufe auf 2 Portionen am Tag aufteilen?

Ja, aber der größte Effekt eines richtig langen Laufs verpufft fast völlig, wenn Du z. B. statt einmal 60 km am Stück 2x 30 km läufst.

Das Aufteilen in zwei Portionen kann ein Notnagel sein, wenn Du an dem geplanten Tag oder Wochenende einfach keinen zusammenhängenden Zeitblock von rund 6 Stunden freisperren kannst. Das Absolvieren von 2 mittellangen Läufen an einem Tag kann in der fortgeschrittenen Phase des Trainings eine Maßnahme zur Steigerung des Wochenpensums sein. Aber niemals ein Ersatz für einen richtig Langen am Stück. Wenn Du z. B. in Deinem Plan einen 50er und einen 60-km-Lauf als Über-Marathon-Einheiten hattest und Du machst den 60er nicht am Stück, dann wird er Dir im Wettkampf fehlen. Du hast dann zwar eine schöne Entschuldigung dafür, dass es wieder nicht für z. B. unter 9 Stunden über 100 km gereicht hat – außer Deinem inneren Schweinehund will die aber niemand hören …

Kann man den ruhigen Langen am Tag nach einer Tempoeinheit machen?

Man kann, aber man sollte es besser lassen.

Es macht überhaupt keinen Spaß, sich mit steifen Beinen auf die ersten km seiner langen Runde zu begeben – und noch schlimmer, es ist auch gefährlich. Viele Verletzungen während des Trainings passieren genau auf diesen unbeholfenen Kilometern. Man kann Glück haben und findet nach einer Stunde oder so allmählich zur gewohnten Lockerheit zurück und vermeidet akute Schäden. Aber auch trainingstheoretisch macht es keinen Sinn, in der Phase der Regeneration und damit verminderten Leistungsfähigkeit die wichtigste Trainingsform für Ultraläufer anzugehen.

Vielleicht etwas pauschal, diese Antwort. Etwas differenzierter: Unter bestimmten Voraussetzungen kann der Lange am Tag nach einer Tempoeinheit nämlich ganz gut weggesteckt werden. Und zwar bei jüngeren Läufern, oder wenn die Tempoeinheit moderat war und/oder wenn man weit im Trainings-Zyklus (= bereits gut in Schuss) ist. Im Sinne eines optimalen Trainings, sprich den größten positiven Effekt aus jeder Laufeinheit in Richtung Form am Tag X herauszuholen, ohne in eine Verletzung oder Infektion hinein zu laufen, kann ich aber auch bei diesen mildernden Umständen nur davon abraten.

Soll man bei den Langen auch essen und trinken?

Essen eher ja und Trinken: Ja klar!

Wenn Du deutlich zu wenig trinkst, wirst Du zur menschlichen Rosine. Gar nicht lustig, im Extremfall sogar Lebensgefahr (das Blut wird »dick«/Schlaganfall oder andere Infarkte lauern). Aber bereits im Normalfall stresst Du Dich durch die Dehydrierung so stark, dass Du auch ein lockeres Tempo gar nicht mehr konstant durchhalten kannst. Dein »Inneres-Medizin-System« kann komplett durcheinander geraten. Der beabsichtigte Trainingseffekt ist zum Teufel, Deine Form sinkt stärker als nach einem Transatlantikflug oder einer »durchgemachten Nacht«. Also: Immer hübsch trinken, und zwar am besten Wasser mit etwas Koch-Salz (ca. 1 Teelöffel auf 1 Liter).

Anders gelagert ist der Punkt Essen bzw. Kalorienzufuhr. Wasser und Salz haben ja keine Kalorien, aber alle sog. Iso-Getränke enthalten jede Menge Zucker oder zuckerähnliche Verbindungen wie Malto-Dextrine, manche sogar Aminosäuren (diese Eiweiß-Bausteine). Ein kleiner Zucker-Stoß kann binnen Minuten ein Gefühl, dass Deine Beine jetzt aber so was von kraft- und saftlos sind, erfolgreich kontern. Das ist aber eher eine Notmaßnahme beim sog. Hungerast. Normalerweise solltest Du Nahrung zu Dir nehmen, um das Kauen, Schlucken und vor allem Verdauen während des Laufens einzuüben und dem Hungerast keine Chance geben.

Wird durch Essen auf den langen Einheiten nicht die Fettverbrennung gestoppt?

Ja, das schon – aber Du willst ja nicht möglichst viel Fett verbrennen, sondern möglichst gut laufen!

Es gibt die Ernährungsvariante von »Train low – compete high«, die biologisch oder physiologisch schon sinnvoll ist. Denn in der Tat führt ein Zuckerstoß per Insulin-Ausschüttung etc. etc. dazu, dass Dein Fettstoffwechsel vorübergehend blockiert wird. Der Trainingseffekt auf den Fettstoffwechsel ist also theoretisch größer, wenn Du unterwegs auf Nahrung verzichten würdest.

Aber Du wirst im Ultra-Wettkampf ja nicht was drastisch anders machen wollen als im Training (es reicht völlig, dass Du dann ein wenig schneller oder deutlich länger läufst ...). Deswegen und auch um einfach auszuprobieren, was Dir beim Kauen und Verdauen während des Laufens gut bekommt, würde ich sagen: Auf den langen Einheiten ruhig etwas essen, was der Wettkampfnahrung so ähnlich wie möglich ist. Aber eben vielleicht nicht auf jeder langen Einheit – besonders in den letzten Wochen Deiner Spezialvorbereitung, wenn Du schon so gut in Form bist, dass Deine 30–35 km-Einheiten Dir fast als Erholung vorkommen, weil Du inzwischen Läufe von deutlich über 50 km drauf hast, kannst Du diese mittel-langen Trainingsläufe ruhig ohne äußere Kalorienzufuhr durchziehen.

Was hältst Du von Nüchternläufen?

Sind okay – wenn sie maximal eine Stunde dauern.

Nüchternläufe sollen ja angeblich einen besonderen Trainingseffekt auf den Fettstoffwechsel haben, nach dem Motto »In der Not frisst der Teufel (fette) Fliegen«. Ist aber wohl ein wenig zu simpel gedacht, dieses erhoffte Fettstoffwechsel-Training. Es wird auch durch entsprechende wissenschaftliche Studien (die gibt es in diesem Fall!) nicht nachgewiesen. Biochemisch gesehen braucht man zudem immer ein wenig Kohlenhydrate, um Fette effizient verbrennen zu können (sozusagen als Zunder). Und schließlich: Längere Anstrengung im nüchternen oder nur unter-kalorischen Zustand kann zu einem Abbau von körpereigenen Eiweißen (wie das der Muskelzellen) führen. Also: längere Nüchtern-Läufe mögen vielleicht die Fettverbrennung aktivieren, führen aber in jedem Fall auch zu einem Eiweiß-Abbau. Eiweiße gibt es in allen möglichen Spielarten und mit verschiedensten Funktionen in unserem Körper. Zum Beispiel unser Immunsystem (Abwehrsystem gegen Fremdkörper wie Bakterien, Viren und dergleichen) besteht zu einem gehörigen Teil aus Proteinen (Antikörpern, Rezeptoren etc.); unsere Muskeln bestehen hauptsächlich aus Strukturproteinen. Und eine Absenkung der Abwehrfähigkeit oder ein Abbau von Muskelzell-Eiweiß ist nun mal ein ganz unwillkommener Trainingseffekt.

Dieser Muskelabbau tritt z. B. regelmäßig bei Ultra-Etappenläufen auf – dort ist es jedoch kein Wettbewerbsnachteil gegenüber Deinen Konkurrenten, die ja alle durch die gleiche unterkalorische Langbelastung gehen. Aber in Vorbereitung auf einen z. B. 100-km-Lauf ist der Effekt von langen Nüchternläufen auf Deine relative Leistungsfähigkeit – schlicht ernüchternd. Auch aus eigener Erfahrung halte ich nichts davon, nüchtern loszulaufen und dann länger als eine Stunde unterwegs zu sein. Das schlaucht ungemein, bringt aber keinen positiven Trainingseffekt für den Laufapparat und die Energieversorgungs-Systeme, sondern das Gegenteil. Man kann es auch drastisch formulieren: wenn Du glaubst, dass der Hungerast, der Dich im letzten Wettkampf fast in die Knie gezwungen hat, die Grundlage für ein förderliches Aufbautraining ist, dann versuch es doch ruhig mit einem dreistündigen Nüchternlauf ... Wenn Du danach (wegen des Eiweißabbaus) aus dem Mund nach Ammoniak riechst wie ein Misthaufen in der Sonne, ist das vielleicht ein dezenter Hinweis, dass an dieser »intelligenten« Trainingsmethode etwas faul ist.

Etwas anderes sind kurze Nüchternläufe. Total familien- oder WG-gerecht z. B. als Brötchen-Hol-Läufe. Es ist ja nicht schlecht, mit einem Hungergefühl *für kurze Zeit* in Bewegung zu sein. Ein ab und zu genanntes Argument für die Nüchternläufe ist, dass Du damit den Kopf trainierst. Das ist wohl wahr, aber auch dieser Versuch des Mentaltrainings durch bewusstes Eingehen einer negativen Situation kann nach hinten losgehen. Wenn Du Dich nach einem 3-h-Nüchternlauf gefühlt nur noch auf allen Vieren nach Hause gerettet hast, dann kann Dir passieren, dass beim Wettkampf schon die frühesten Anzeichen einer Mangelsituation Dein (unbewusstes) Gehirn veranlassen, jetzt aber mal sofort auf totalen Sparmodus und Schontempo zu schalten. Statt mit Deinen Gegnern kämpfst Du dann mit Deinem bewussten Willen gegen die unbewussten Schutzmechanismen, die Du Dir durch lange Nüchternläufe *antrainiert* hast. Echt blöd gelaufen ... Bei kurzen Nüchternläufen hast Du dieses Risiko nicht, und in Kombination mit Brötchen-Holen sogar den positiven Effekt einer simplen Reiz-Belohnungskette.

Warum müssen Ultraläufer sehr sensibel auf ihre Regeneration achten?

Weil sie durch die erforderlichen langen Einheiten einfach mehr Belastung auf langsam regenerierende Körperpartien ausüben.

Jeder Läufer (egal ob Ultra oder Normalo) muss das Trainingsprinzip beherzigen, nach einer harten Einheit sich Zeit für die entsprechende Reizanpassung zu geben (Regeneration und Überkompensation), sonst geht die Form nicht wie gewünscht allmählich nach oben, sondern schnell in den Keller. Lange Einheiten (je nach Trainingszustand bereits ab 25 km) gehen nun mal mehr »auf die Knochen« als eine intensive Intervall-Einheit. Dafür gibt es physiologische Gründe, weil Gelenkflüssigkeit und Knorpel nicht so schnell erneuert bzw. repariert werden wie Muskelzellen. Jeder, der nach der Winterpause wieder ins »Langtraining« einsteigt, spürt am eigenen Körper, dass die ersten langen Einheiten doch oft noch 2 oder 3 Tage nachklingen, und zwar gefühlt in den Knochen und Gelenken und nicht so sehr in den Muskeln. Obwohl echt langsam gelaufen, sind sie härter für Deinen Stützapparat und Du brauchst einfach länger, bis Du »insgesamt als Gesamtkunstwerk« wieder lauffrisch wirst, als nach den meisten Tempoeinheiten oder sogar kurzen Wettkämpfen.

Kann ich die Regeneration aktiv unterstützen?

Ja, und Du kannst Dich auch blöd anstellen und die Regeneration behindern.

Regenerations-fördernd sind: sofort trinken und ggf. auch essen (Joghurt, andere Eiweiß- und Kohlenhydrat-Lebensmittel, bei hohem Schweißverlust auch Mineralien wie Kochsalz, Magnesium), ein kleiner Spaziergang (ruhig flottes Gehtempo), Massagen inkl. Selbstmassage mit Black Roll und ähnlichem, evtl. kalte Güsse oder Kältebad (muss man schon mögen), gute Gesellschaft und/oder Musik, die Dir zusagt. Tanzen (no Tango!) ist auch prima. Schön lange Schlafen oder ein Nickerchen tagsüber (wie es die Kenianer machen …) sind ebenfalls ein Gesundbrunnen für Dein läuferisches Gesamtkunstwerk.

Wenig Schlaf, Zwangshaltung (z. B. längere Zeit Autofahren) und wenig trinken bzw. Alkoholgenuss sind dagegen R-Killer.

Was müssen Ultraläufer beim Tempotraining berücksichtigen?

Das vorrangige Ziel von Tempotraining ist für uns Ultras, eine gute Grundschnelligkeits-Voraussetzung für bessere/schnellere Ultraläufe zu erwerben. Dagegen ist es überhaupt nicht so wichtig, das eigene Tempopotential auf den Unterdistanzen voll auszuschöpfen.

Der Vereinskameradin mal zu zeigen, dass Du über 10 km (mit Ach und Krach) eine sub-38er-Zeit hinbekommst, ist vielleicht die schönste Nebensache der Welt, aber eben Nebensache. Wenn es Dir gelingt, bravo. Aber in der Regel bedeutet diese Hatz nach maximal schnellen 10-km-Zeiten, mit sehr scharfen und riskanten Tempoeinheiten das Schnellste aus sich herauszuquetschen. Und das bedeutet leider dann oft: Verletzungen einfangen, die Dich daran hindern werden, eine optimale Spezial-Vorbereitung auf Deine Ultrawettkämpfe zu absolvieren. Du hast Dich als Ultraläufer entschieden, andere Ziele zu verfolgen. Also gestalte Deine Tempoarbeit so, dass Du die Vorteile einer erhöhten Grundschnelligkeit auf den geliebten Ultrastrecken auch wirklich ernten kannst. Und nicht durch die Folgen zu harter Tempoarbeit in Deinem Spezialtraining ausgebremst wirst.

Die Devise beim Tempotraining für uns Ultraläufer lautet: *Organisch, sich entwickeln lassen und keinerlei Hau-Ruck.*

Das gilt sowohl für die Tempoarbeit im Winter/in der Nebensaison, wenn die Verbesserung der Grundschnelligkeit (bzw. Vermeidung von Tempoverlust) im Vordergrund steht, als auch in der begleitenden Tempoarbeit in unmittelbarer Vorbereitung auf einen Ultrawettkampf.

Ein wichtiger Nebeneffekt der Tempoarbeit ist die Verbesserung des Laufstils. Verbesserung oder vielleicht noch treffender Gegengift gegen sich einschleichende Laufstilsünden, die Du Dir bei ausschließlich langsamem Laufen mit der Zeit kaum noch abgewöhnen kannst.

Wann sollte man als Ultraläufer Tempo trainieren?

Das ganze Jahr über, aber der Schwerpunkt für schnellere Einheiten sollte in der Ultra-Nebensaison liegen.

In der Nebensaison legt man in der klassischen Leichtathletik ja die Grundlagen für die kommende Hauptsaison. Bahn- und Straßenlangstreckler füllen die Wintermonate mit langsamen Läufen, sie wollen mit vielen Wochen-km eine Ausdauergrundlage legen und dann in ihrer Spezialvorbereitung mit weniger km-Umfang allmählich ins richtig harte Tempotraining einsteigen.

Für echte Ultraläufer ist sozusagen der umgekehrte Jahresaufbau anzuraten: Ultras laufen in ihrer Nebensaison weniger km und auch meist keine langen Läufe von mehr als 30 km, sondern kümmern sich mal ein paar Wochen gezielt um die schnellen Muskelfasern, u. a. mit Intervalltraining, Lauf-ABC und dergleichen. Diese Aufmerksamkeit auf »schnelle Beine« wird in dieser Phase nicht von ultralangen Laufeinheiten und der damit verbundenen Müdigkeit gestört, sondern mit deutlich weniger Wochen-km und unterstützt von geeigneten Kräftigungs- und Koordinationsübungen als sehr bewusste Abwechslung vom normalen Ultrageschäft durchgezogen.

Vor Deinen wichtigen Wettkämpfen versuchst Du, Deine in der Nebensaison mit Tempotrainings-Blocks von 3–6 Wochen (re)aktivierte Schnelligkeit durch gezielte »Erinnerungseinheiten« lebendig zu halten, arbeitest aber dann nicht mehr daran, schnellere Intervalle laufen zu können. Die kommen dann erst wieder in der nächsten Nebensaison auf Dein Trainingsmenü.

Welche Tempotrainingseinheiten sind für Ultraläufer zu empfehlen?

Alle, die auch für Marathonläufer empfohlen werden. Aber bitte nur in den Tempoblöcken der Nebensaison!

Du solltest die Finger bzw. Beine ganz von den knalligen 20 x 200-m-Einheiten lassen und ähnliche superschnelle Schnellkraft-Booster meiden – wenn Du sie verletzungsfrei überstehen würdest, wären sie zwar nicht schädlich. Aber ein paar hundert Meter superschnell laufen zu können, ist bei einem 100-km-Lauf komplett unnütz. Bereits im Marathon gewinnt übrigens meist nicht der spurtstärkere Läufer einen eventuellen Zielsprint, sondern der- oder diejenige, die bis dahin ökonomischer mit seinen/ihren Kräften umgegangen ist. Also: Das Risiko-Nutzen-Profil von kürzeren Intervallen als 400 m ist für Dich als Ultra ziemlich ungünstig. Ich könnte mir vorstellen, dass zumindest ein gezieltes Schnellkraft-Training wie Sprünge oder Hantelarbeit etc. für Ultratrail-Läufer hilfreich sein könnte, habe dazu aber keine eigenen Erfahrungen.

Viel geeigneter als superschnelle Tempoformen sind für uns Ultras eher Einheiten an der anaeroben Schwelle – das bedeutet in der Praxis: Halbmarathon-Renntempo, und zwar genau das Tempo, das Du aktuell drauf hast. Das können sogenannte Tempoläufe (manchmal auch Schwellenläufe genannt) sein, z. B. 6, 8, oder auch 10 bis maximal 15 km am Stück im gefühlten individuellen Halbmarathon-Renntempo, eingebettet in mindestens je 4 km Ein- und Auslaufen. Auch Tempowechsel-Läufe (z. B. 5 x 2 km HM-Renntempo, dazwischen ruhiges Dauerlauf-Tempo, und wieder ausgiebiges Ein- und Auslaufen) sind meist schon eine ausreichende Erinnerung, dass Du das flottere Laufen nicht verlernst.

Auch Intervalltraining auf der Bahn braucht kaum schneller als das Halbmarathon-Renntempo zu sein (z. B. 10 x 800 m). Dieses Tempo sollte aber in der unmittelbaren Ultra-Wettkampfvorbereitung mindestens 1x pro Woche angeschlagen werden.

In einem mehrwöchigen Tempoblock der Nebensaison läufst Du dagegen dann auch schneller als 10-km-Renntempo. Hier solltest Du auch mal 400er machen, die Dich spürbar sauer machen – in den Beinen, und auch nur gegen Ende Deiner Intervall-Session. Und/oder während eines Fahrtspiels ein paar Mal richtig spurten – aber niemals echt sprinten, selbst beim Lauf-ABC nicht.

Gibt es eine Tempotrainingsform, die von allen Läufertypen und zu jeder Zeit im Jahr durchgeführt werden kann?

Sehr gute Frage …. und ja: Es ist das sogenannte Speed-Sandwich.

Ein Speed-Sandwich ist sehr wirkungsvoll und kann ganz nach Befinden und aktueller Form gesteuert werden. Du läufst Dich ein paar Kilometer locker ein und hinterher wieder aus; mitten im Lauf machst Du 15mal abwechselnd 40 sec. flottes Tempo und 20 sec. langsamstes Joggen. Also ein 15 min. langes Tempo-Programm. Da 40 sec. etwa 60 Halbschritten entsprechen (man macht etwa 85–90 Halbschritte pro Minute), brauchst Du gar keine Uhr, sondern zählst nur, wie oft Dein rechter oder linker Fuß auftritt – deswegen wird es auch »60/30« Speed-Sandwich genannt (60 schnelle, 30 langsame Halbschritte). Weiterer Vorteil: Du kannst zu dieser Tempoeinheit auf die Bahn gehen, aber auch auf der Straße und sogar im Gelände geht das hervorragend. Die ersten paar schnellen Abschnitte solltest Du etwa im 10-km-Renntempo oder ruhig auch langsamer anfangen, gegen Ende darfst Du auch schneller rennen, wenn die »Rapidomuskulatur« warm und geschmeidig ist. Der einzige Fehler, den man beim Speed-Sandwich machen kann, ist mit den ersten 3, 4 Tempoabschnitten zu übersäuern – das merkst Du daran, dass Du nach 30 Halbschritten Erhol-Jogging aber auch gar keine Lust hast, jetzt schon wieder schnell zu laufen. In diesem Fall ein paar Minuten joggen oder notfalls auf weitere Tempoabschnitte verzichten.

Du kannst alle möglichen Varianten in das Speed-Sandwich einbauen (z. B. 20 der 30 langsamen Schritte rückwärts zu laufen) oder das Sandwich z. B. statt lockerem Auslaufen noch mit einem

Steigerungslauf gegen Ende zusätzlich garnieren. Das wirklich Superpraktische an dieser Einheit ist, dass Du sie überall auch ohne vorherige Streckenkenntnisse (also z. B. im Urlaub oder auf Dienstreisen) absolvieren kannst. Die Wirksamkeit erklärt sich durch die kurzen Pausen; die Eignung für uns Ultraläufer ist deswegen so gut, weil Du echt nach Körpergefühl laufen sollst bzw. musst. Bei den kurzen 40-sec-Tempostücken ist jede GPS-Interpolation viel zu fehlerhaft, um Dein Tempo exakt zu bestimmen. Wie gesagt, Du brauchst hierzu noch nicht einmal eine normale Stoppuhr. Letzter Vorteil: Auch im Dunkeln (aber bitte nur auf sicheren Lauf-Oberflächen ...) kannst Du speedig sandwichen.

Kannst Du ein Beispiel geben, wie ein mehrwöchiger Tempoblock aussehen könnte?

Natürlich, aber bitte beachten, es ist tatsächlich nur ein Beispiel:

Im Nov./Dez. 2015 habe ich einen 4-wöchigen Block gemacht, der darauf abzielte, mich wieder auf eine Halbmarathonform von ca. 1:34 zu bringen. Was ein realistisches Ziel war: 1:33:46 ist die Zeit, die ich mit meiner Halbmarathon-PB von 1:17:06 laut einer Altersfaktor-Tabelle mit meinen 61 Jahren maximal noch erreichen könnte, und über 10 km hatte ich im Sept. aus dem Ultratraining bereits eine sub-42er Zeit geschafft.

Dazu hatte ich folgenden Plan:

1. Woche: 12 x 400, Hügellauf, 3 weitere lockere Dauerläufe, total 60 km

2. Woche: 6 x 800, Fahrtspiel, 3 weitere lockere Dauerläufe, total 60 km

3. Woche: 12 x 400, 10-km-Wettkampf, 3 weitere lockere Dauerläufe, total 50 km

4. Woche: 5 x 2000, 20-km-Wettkampf, 2 weitere lockere Dauerläufe, total 54 km

Pro Woche also jeweils eine Intervall-Einheit sowie eine weitere Tempoeinheit (Hügellauf, Fahrtspiel, 10-km- und 20-km-Wettkampf) eingeplant. Mit 4–5 Einheiten habe ich 50–60 km die Woche gelaufen.

Meine Intervall-Sessions laufe ich prinzipiell so, dass der erste schnelle Abschnitt möglichst deutlich langsamer als der geplante Schnitt ist; beim 2. und 3. Intervall geht es fast AUTOMATISCH schon schneller als das 1., und dann versuche ich, sehr kontrolliert jedes weitere Intervall ein ganz klein wenig schneller zu laufen, und dann das allerletzte noch einmal deutlich schneller zu absolvieren. Also eine kontinuierliche Steigerung des Tempos der Intervalle. Die letzten Intervalle sind also schneller als der geplante Schnitt. Wenn ich dieses Tempo-Muster einigermaßen hinbekomme, habe ich einen wertvollen Prognosefaktor in der Hand bzw. meinen Körper darauf vorbereitet: Die durchschnittliche Zeit der letzten drei oder vier 400er der 1. Woche ist das Durchschnittstempo, das ich mir für die zwölf 400er in der 3. Woche vornehmen kann. Auch in der 3. Woche laufe ich die ersten 400er wieder langsamer als dieses angepeilte Tempo, versuche aber bei den letzten sechs 400ern leicht darunter zu laufen.

Viele Läufer haben große Probleme, bei einer Intervall-Trainingseinheit sich bei den ersten Intervallen einzubremsen bzw. sich von Intervall zu Intervall im Tempo zu steigern. Hier kann die Orientierung an Zwischenmarken helfen. Eigentlich muss es beim Intervall-Training so sein, dass Du bei jedem einzelnen immer noch einen Tick schneller laufen könntest, Dich aber noch etwas im Zaum hältst. Beim 11. und 12. 400er kannst Du dann alle Handbremsen lösen … Mit anderen Worten: Du läufst als Ultraläufer eine Intervall-Session im Prinzip wie ein Ultrarennen: schön zurückhalten, locker bleiben, und erst zum Schluss die Korken so richtig knallen lassen!

Der Tempoblock hat übrigens prima funktioniert, ich bin zum Abschluss mangels Halbmarathon-Startmöglichkeit über 20 km 1:29:39 gelaufen (was einer HM-Zeit von unter 1:34 entsprechen sollte).

Wie gesagt, ein Beispiel.

Und kannst Du nicht einen allgemeinen Plan für einen mehrwöchigen Tempoblock aufstellen?

Das könnte ich vielleicht, aber es ist besser, Du stellst Dir Deinen persönlichen Plan gleich von Anfang an auf.

Ein paar Leitlinien will ich Dir hier aber schon bieten: Auch bei der mehrwöchigen (3–6 Wochen) Konzentration auf »Tempo« solltest Du nicht mehr als zwei flotte Einheiten pro Woche ein*planen*. Ich würde Dir empfehlen, 1x pro Woche ein Intervalltraining (400er oder 800er) auf der Bahn oder Straße durchzuführen, und zwar so, dass Du den Fortschritt Woche für Woche (oder alle zwei Wochen) anhand der Zeiten für die schnellen Intervalle messen kannst. Die zweite Tempoeinheit kann ein Fahrtspiel oder Hügellauf, ein Tempodauerlauf oder ein Tempowechsellauf sein; das Speed-Sandwich (s. vorletzte Frage) würde ich höchstens in der allerersten Woche einplanen.

Zwei Tempoeinheiten pro Woche deswegen, weil Du bei beiden Einheiten nach jeweils verhaltenem Beginn dann gegen Ende der Einheiten Dich für Deine Verhältnisse schon sehr schnell bewegen solltest. D. h. Du darfst bei den Tempoeinheiten keine Restmüdigkeit des vorherigen Tempotags mehr in den Knochen haben. Solltest Du Dich auf einer nächsten als ruhig geplanten Laufeinheit schon wieder frisch und spritzig fühlen, kannst Du diesem Gefühl ja vorsichtig nachgeben und z. B. ein fulminantes Finish (extremes Crescendo) hinlegen. Frische Beine schon an einem geplanten Regenerationstag zu spüren sind ein gutes Zeichen, dass Dir das Trainingsprogramm offenbar gut bekommt; trotzdem bitte in der nächsten Woche dann nicht einfach von vornherein eine dritte Tempoeinheit die Woche einplanen. Lieber eine kleine Verschärfung der beiden Tempoeinheiten (z. B. schnellere Intervalle oder mehr Intervalle) einführen. Denn Deine Grundschnelligkeit wird mehr davon profitieren, dass Du an den beiden Tempotagen richtig schön Gas gibst (vor allem in der zweiten Hälfte Deiner Einheit), als an drei Tempotagen pro Woche nur mittelmäßig schnell über den Parcours zu gehen.

Wie senke ich das Verletzungsrisiko bei der Tempoarbeit?

Indem Du nicht überehrgeizig vorgehst, sondern nach der Devise handelst: Organisch, sich entwickeln lassen und keinerlei Hau-Ruck.

Organisch heißt: (a) zunächst nur das laufen, was Du kannst, und nicht gleich das versuchen, was Du wünschst, (b) die Belastungen durch Tempoarbeit durch vermehrte und gezielte Kräftigungs- und Dehnungsübungen sowie Regenerationsfördernde Maßnahmen abpuffern.

Sich entwickeln lassen: Wichtig ist es vor allem, die scharfen Intervall-Einheiten in den Tempoblöcken clever zu laufen. Im Gegensatz zu den Tempoangaben in vielen Trainingsplänen, die z. B. nach dem Motto »Wie laufe ich in 6 Wochen 40 min. über 10 km« von Anfang an gleich Intervalle im angestrebten Renntempo oder schneller verordnen, kann und sollte ein Tempoblock von Ultraläufern immer hübsch langsam anfangen. Selbst wenn z. B. die ersten 800er auf der Bahn langsamer als Dein übliches 10-km-Wettkampftempo sein sollten, macht das nichts, so lange Du einen Plan verfolgst, der Dich Woche für Woche etwas schneller machen soll. Überhaupt nicht clever ist es, diese Intervalle gleich von der ersten Woche an im angestrebten Zieltempo zu laufen oder laufen zu wollen. Denn der Sinn eines Tempoblocks ist es ja, sich von einem recht lahmen zu einem recht spritzigen Zustand ALLMÄHLICH über mehrere Wochen zu ENTWICKELN. Und nicht auf der ersten Einheit sich gleich eine Zerrung einzuhandeln oder frustriert zu urteilen: »Also, diese Temposachen sind doch nix für mich« …

Deswegen darfst oder besser gesagt musst Du in der ersten Woche eines Tempoblocks die Intervalle ziemlich langsam laufen. In der Regel bist Du trotz Regenerationsphase nach Deinem letzten Dir wichtigen Ultra doch noch recht flügellahm oder spürst noch alle möglichen Bremskräfte in Deinen Muskeln und Gelenken. Daher ist es für Ultraläufer die doppelte goldene Regel, sowohl bei der einzelnen Tempoeinheit als auch im Verlaufe eines mehrwöchigen Tempoblocks zunächst langsamer als

Plan oder Ziel anzufangen, um dann während der Tempoeinheit bzw. im Laufe der Tempowochen immer schneller zu werden.

Keinerlei Hau-Ruck: Immer hübsch warmlaufen, in die schnellen Abschnitte mit »fliegendem Start« und nicht ruckartigem Antritt hineinlaufen, keine unrealistischen Temposteigerungen erzwingen wollen, keine zwei Tempoeinheiten an Folgetagen einplanen. Besondere Vorsicht sollten wir Ultras beim Lauf-ABC walten lassen, z. B. die Hopserläufe und das Anfersen können (nicht nur bei uns) Zerrungen verursachen – also erst im voll aufgewärmten Stadium, gern auch erst am Ende der Trainingseinheit, solche akrobatischen Kunststücke versuchen.

Welche Verbesserung meiner Grundschnelligkeit kann ich denn bei einem Tempoblock einplanen?

Am besten keine konkrete.

Es ist gefährliche Kaffeesatz-Leserei, aufgrund irgendwelcher Fakten den Effekt eines mehrwöchigen Tempoblocks quantitativ vorherzusagen. Denn Tempoarbeit bzw. -gewinn ist ja für Dich als Ultra nur eine Nebensache. Du wirst schon schneller werden, aber das Ausmaß Deines Fortschritts ist von zu vielen Faktoren abhängig, dass Du beim Tempoblock ohne ein konkretes Ziel am besten fährst bzw. läufst. Aber wenn Du durch Analyse Deines wochenweisen Fortschritts (→ »Kannst Du ein Beispiel geben, wie ein mehrwöchiger Tempoblock aussehen könnte?« S. 52f.) einen vorhandenen Plan Deiner tatsächlichen Tempo-Entwicklung anpasst, ist das viel sicherer – sowohl in der Vorhersagequalität als auch zum Vermeiden von Verletzungen.

Ultra-Trainingspläne

Wie erstellt man einen Trainingsplan?

Immer von hinten nach vorne, also immer mit dem Ziel anfangen.

Wenn Dein Hauptziel ein bestimmter Wettkampf wie z. B. eine deutsche Meisterschaft ist und Du genau zu diesem Rennen in Topform sein willst, trägst Du die einzelnen Phasen des Trainingsplans (s. nächste Frage) als Mehrwochen-Blöcke in einen Übersichtskalender ein. Dann musst Du abschätzen, welche Leistung Du bei der DM erreichen könntest. Schließlich solltest Du auch Dir bekannte Termine für Urlaub, Dienstreisen, Familienfeiern etc. eintragen, damit Du dann im nächsten Schritt keine Trainingseinheiten zu bereits bekannten »unmöglichen« Terminen einplanst und sie später nicht absolvieren kannst.

Wenn das Ziel ist, die Grundschnelligkeit zu erhöhen, musst Du abschätzen, zu welchem z. B. Halbmarathontempo Du Dich verdonnern willst und wann Du diese Tempofähigkeit erreicht haben möchtest. Aber Vorsicht, → »Welche Verbesserung meiner Grundschnelligkeit kann ich denn bei einem Tempoblock einplanen?« S. 56!

Wenn Dein Ziel eine grundlegende Fitness zum Laufen von Ultras ist, ohne dass Du jeweils in Höchstform bist, reicht ein grobes Raster von langen ruhigen und kürzeren schnelleren Einheiten – Du hast keinen spezifischen Zeitpunkt als Ziel im Auge und brauchst Dir überhaupt keine Gedanken machen, wie Du Dich in Höchstform schaukeln willst. Du wirst dann aber auch Dein Potential nie optimal in einem Rennen realisieren können.

Welche Phasen in einem Trainingsplan gibt es, welchen Sinn hat die Unterteilung in Phasen?

Die Phasen nennt man meist:
***Grundlagen** (ca. 8 Wochen),*
***Spezielle Vorbereitung** mit **Peaking** und **Tapering** (8–16 Wochen),*
***Wettkampf(-phase)** (1–8 Wochen) und*
***Regeneration** (ca. 4 Wochen).*

Wenn nach einem Trainingsplan gefragt wird, wird in der Regel als Antwort nur ein Plan für die spezielle Vorbereitung erwartet (»Wie trainiere ich auf unter 8 h über 100 km?« oder »Hätte gern einen Plan für über 200 km im 24-h-Lauf«). Das ist okay, solange sich der/die Fragende darüber bewusst ist, dass vor dem Einstieg in die Spezial-Vorbereitung gewisse Grundlagen vorhanden sein müssen und nach dem Wettkampf eine R-Phase erfolgen sollte. Die Phasen Grundlagen, Spezielle Vorbereitung nebst Peaking und Tapering, Wettkampf und anschließende Regeneration sind ein universelles Schema für viele Sportarten. Die Unterteilung von Trainingsplänen in diese Phasen (und die tatsächliche Durchführung dieser Trainingsphasen) erfolgt, um folgende Punkte zu erreichen:

- Leistungssteigerung auf das dem jeweiligen Athleten höchstmögliche Niveau am Tage X
- kontinuierliche Leistungs-Entwicklung über mehrere Jahre durch unterschiedliche Belastungsformen und -Schwerpunkte, sprich Vermeidung von Routine, Gewöhnung und Stagnation
- Vorbeugung vor oder wenigstens Vermeidung von chronischen Verletzungen oder mentalem Burn-Out durch strukturierte Variation der Belastungsformen und -Schwerpunkte.

Für uns Ultras bedeutet das: Es macht keinen Sinn und keine Freude, unser Training jahrein, jahraus nur auf das reine ausdauernde Ausdauertraining der Ausdauer zu beschränken – das wär ausdauernd eintönig, führt zu Stagnation der Leistung und langfristig zu einem Leistungsrückgang, oft verbunden mit allen möglichen Wehwehchen, von denen das übernächste schon kommt, wenn das aktuelle gerade abklingt …

Was bedeutet Grundlagen-Training für Ultraläufer?

Grundlagen trainierst Du, wenn Du Dich gerade mal nicht auf Deine geliebten Ultraläufe vorbereitest – im Allgemeinen also in der Nebensaison.

Basis für gute Ultrawettkämpfe sind sowohl gute Ausdauer als auch eine ordentliche Grundschnelligkeit. Die meisten Ultraläufer können ihre Ultra-Leistungsfähigkeit nicht mehr entscheidend durch noch längere Ausdauer, sondern durch eine flottere Schnelligkeitsgrundlage verbessern. Oder ihre Ultraleistungsfähigkeit hat abgenommen, weil sich ihr Tempovermögen durch zu viel Ultralaufen und Vernachlässigung der schnellen Muskulatur verschlechtert hat. Das sind die Gründe, warum Tempoarbeit in den Grundlagenblock für Ultraläufer gehört.

Warum gehören lange Läufe nicht ins Ultra-Grundlagentraining?

Auch hier gibt es zwei Gründe.

(A) Wir Ultras müssen lange Läufe ja in der unmittelbaren Wettkampfvorbereitung machen, weil sie uns auf die Hauptherausforderung des Ultra-Wettkampfes vorbereiten, d. h. diese Langen auch in der Grundlagenphase zu absolvieren, würde lediglich »mehr vom Gleichen«, sprich mangelnde Abwechslung bringen.

(B) Jeder Lange Lauf erzeugt für ein paar Tage eine natürliche Bremswirkung im Laufapparat (schlappe, müde Beine), würde also eine Konzentration auf Tempo behindern. In der Grundlagenphase solltest Du zwei verschiedene Tempoeinheiten pro Woche absolvieren können, und beide mit frischen Beinen beginnen!

Natürlich gehen in der Szene die Meinungen auch über diesen Punkt auseinander. So wird manchmal behauptet, dass Du auch im mehrwöchigen Tempoblock einen Lauf von 30 km oder mehr pro Woche machen musst, um Deine Ausdauerfähigkeit nicht zu verlieren. Nun, man verliert schon etwas an Langausdauer, wenn man solche längeren Einheiten monatelang nicht macht. Aber wenn Du Deine Priorität auf die Erhöhung Deiner Schnelligkeit legst, stören die Langen eindeutig. Prioritäten setzen heißt ja auch immer, bewusst zu entscheiden, was man NICHT machen will. Aus meiner Sicht ist der »Lange« im Tempoblock ein fauler Kompromiss, der nur mittelmäßige Tempogewinne zulässt. Es ist besser, sich im Tempoblock exklusiv auf das Tempo zu konzentrieren, die geliebten Langen kommen ja schon sofort danach wieder ins Programm.

Was soll in der speziellen Vorbereitungsphase passieren?

Die spezielle Vorbereitungsphase liegt, wie der Name gut ausdrückt, vor Deinem wichtigen Wettkampf/Deiner Wettkampfserie und bereitet Dich speziell dafür vor. Liegt also vor/in der Hauptsaison.

Es ist für Ultras die Zeit der immer länger werdenden langen Läufe. Denn unsere Spezialdisziplin ist nun mal sehr lang. Die spezielle Vorbereitungsphase dauert mindestens 8, höchstens 16 Wochen, und in diesem Zeitraum entwickeln sich Deine körperlichen Fähigkeiten von »Würde den Wettkampf gerade so noch finishen« zu »Gehe mit meinem optimalen Leistungspotential an den Start«. Die letzten etwa 5 Wochen davon unterteile ich noch in die »Peaking« und »Tapering« (sorry, ihr Anglizismen-Kritiker ...) Phasen. In der gesamten Vorbereitungsphase machst Du neben den allmählich länger werdenden Langen auch mindestens 1x pro Woche Tempoarbeit, aber eher »Erinnerungs-Anstöße«, damit die in der Grundlagenphase erworbene Tempofähigkeit nicht verwittert.

Was ist denn die Peaking-Phase?

Die Peaking-Phase ist Abschluss und Höhepunkt der Vorbereitungsphase.

Peaking heißt, sich in km-Umfang und Laufpotential seinem höchsten möglichen Punkt zu nähern, d. h. jetzt machst Du Einheiten, Umfänge und Intensitäten in einer Kombination, die Du am Anfang der Spezialvorbereitungsphase entweder überhaupt nicht geschafft hättest oder die Dich kaputt gemacht hätte. Beispielsweise machst Du einen Doppeldecker (zwei Lange an Folgetagen direkt hintereinander), den längsten Abschnitt im Halbmarathon-Tempo, die meisten Langintervalle, ruhige Dauerlaufeinheiten nun aber im 100-km-Renntempo und/oder keinen Ruhetag mehr, und das alles bei maximalem Wochen-km-Pensum.

Auch jetzt, sozusagen knapp vor der Dir maximal möglichen Form, ist das ganz hartes Brot für Dich; hier musst Du echt aufpassen, Dich nicht zu verletzen oder Dir eine Infektion einzufangen! So ein Peaking-Pensum ist also ca. 1 Monat vor dem Tag X nicht ohne Risiko – aber wenn Du wirklich zu einer Topleistung am Tag X fähig sein willst, solltest Du das in Deine Vorbereitungsphase einbauen. Wichtig ist hier, dass Du den Plan für diese 2–3 Wochen (länger hält das niemand durch) erst eine Woche vor dem Beginn des Peakings konkretisierst. Du kannst am Anfang Deiner Vorbereitungsphase noch nicht genau sagen, wo Du 4 oder 6 Wochen später stehen wirst. Deine (oder Deines Trainers) Pläne von vor 4 oder 6 Wochen treffen höchstwahrscheinlich nicht auf Deinen nun realisierten Trainingszustand zu. Der konkrete Trainingsplan für die 2 bis 3 Wochen Peaking wird Dir so viel abfordern, dass dann eigentlich Regeneration angesagt wäre – aber vor dem Wettkampf machst Du das nicht ganz …

Welche Anzeichen gibt es, an denen ich erkennen kann, ob ich schon gut genug in Form bin, um mir für den Wettkampf den letzten Schliff zu geben (zu »peaken«)?

Es gibt hier einen ganzen Strauß von Indikatoren, die Dir ziemlich sicher anzeigen, dass Du »bereit« bist.

- Niedriger Ruhepuls,
- geringe Pulsraten-Variabilität (kannst Du unter anderem per Smartphone-App messen),
- flotte Zeiten in Testwettkämpfen oder -sololäufen,
- Intervall-Einheiten, bei denen der letzte schnelle 400er oder 1000er ein erhabenes Gefühl des »Fliegens« kurzzeitig aufkommen lässt,
- im Alltag drei Treppenstufen auf einmal nehmen können und wollen,
- gesteigertes Sexualbedürfnis (bei Männern auf jeden Fall),
- chronische Vorfreude auf die nächste Trainingseinheit.

Diese Symptome müssen nicht alle vorhanden sein und werden sich auch nicht gleichzeitig auf den Tag genau plötzlich einstellen, aber durch aufmerksame Selbstbeobachtung – was Dir ja als Ultraläufer einfach zur Gewohnheit geworden ist – kannst Du diesen Zeitpunkt ziemlich gut erkennen. Für Vergleiche ein paar Jahre später empfehle ich sogar einen Eintrag in Dein Lauf-Tagebuch »Durchbruch gelungen« oder so ähnlich …

Und bei welchen Anzeichen sollte ich noch keine »Peaking«-Verschärfungen in mein Trainingsprogramm einführen?

Beim genauen Gegenteil der eben genannten positiven Indikatoren.

Im Prinzip muss der »Durchbruch« 4 bis 5 Wochen vor dem Tag X des Wettkampfs kommen, sonst ist Dein Training leider nicht optimal verlaufen. Meistens ist dafür die Ursache, dass Du

Dich mit dem Plan überfordert hast – entweder, weil Deine sportlichen Voraussetzungen doch nicht ganz so waren, wie es der Plan angenommen hat, oder weil Deine sonstigen Lebensbedingungen (Zeitbudget, Stresslevel, Krankheitsepisoden) die wirksame Umsetzung des Plans direkt oder indirekt verhindert haben. Ich selbst habe für ein paar Jahre das Ultralaufen ganz aufgegeben, weil mir ungeplante Dienstreisen über Kontinente hinweg meine schönen Trainingspläne regelrecht zersägt hatten.

Wenn Du 4 Wochen vor dem Tag X nicht »Peaking-reif« bist, musst Du Dich umorientieren und retten, was zu retten ist. Als erstes kannst Du versuchen, durch 4, 5 ganz lockere Tage einen wahrscheinlich vorhandenen leichten Übertrainingszustand zu korrigieren und frisch in die letzten drei Wochen zu gehen. Also z. B. mit einem wirklich »aber diesmal echt« gaanz langsamen Langen als letzte Ölung dann bereits in die Tapering-Phase überzugehen: zwar die Durchschnitts-Intensität noch leicht erhöhen, dafür aber den Umfang weiter reduzieren. Noch wichtiger ist es, Dein Wettkampfziel, auf das der Trainingsplan ausgerichtet war, anzupassen und lieber eine korrigierte Zielzeit mit einem ca. 10 sec/km langsameren Wettkampftempo in Deinem Gehirn zu verankern (und am Tag X bitte auch nur in diesem korrigierten Tempo loslaufen).

Fühlst Du Dich dagegen deutlich untertrainiert (z. B. weil wegen Familienfeier und Autopanne die wichtigste lange Einheit fehlt), dann ist mein Tipp: lieber ein verkürztes Tapering und noch die wichtigen Langen bis zwei Wochen vor dem Tag X hinbekommen; aber ähnlich wie beim »Übertrainings«-Szenario besser die ursprüngliche Zielzeit vorher bewusst korrigieren und bis einschließlich des Wettkampfs danach handeln.

Was soll in der Tapering-Phase wie erreicht werden?

Dass Du Dich am Tag X ausgeruht und tatendurstig fühlen sollst – Du könntest frisch gepflanzte Bäume ausreißen!

Im Idealfall ist das Tapering eine ganz genau auf Deinen Wettkampf zugeschnittene Regeneration, mit dem Effekt, dass das strapaziöse Peaking-Pensum optimal in erhöhte Leistungsbereitschaft am Tag X umgesetzt wird.

Diesen Zustand erreichst Du durch eine deutliche Reduktion des km-Umfangs (z. B. vorher Wochen mit 120–130–140 km, nun plötzlich nur noch 80 oder 90 km plus 30 km in der Woche des Wettkampfs vor dem Rennen), das Einstreuen von (weiteren) Ruhetagen, aber Beibehaltung der durchschnittlichen Intensität der verbleibenden Trainingseinheiten – und mentaler Einstimmung auf den Wettkampf (→ Mental-Training im Kapitel »Flankierende Maßnahmen« ab S. 107). Während Du bis hierhin in Deiner ganzen Vorbereitungszeit Umfang und/oder Intensität nahezu stetig zu steigern versucht hast, verhilft das für Dich nun relativ leicht zu schaffende reduzierte Umfangs-Pensum zu einer körperlichen und mentalen Leistungsbereitschaft, die am Tage X zu einer Leistungsexplosion führt – so die Theorie.

Diese Tapering-Phase sollte vor Ultrawettkämpfen 10 bis 14 (maximal 21) Tage dauern.

Was sind die Nachteile einer ausgedehnten Tapering-Phase?

Ich bin felsenfest davon überzeugt, dass man für Ultra-Wettkämpfe nicht so radikal wie für Marathons oder kürzere Distanzen tapern sollte.

Der Sinn des Taperings, sich total frisch, kräftig und unausgelastet zu fühlen, kann gerade bei Ultraläufen am Tag X leider auch nach hinten losgehen. Man fühlt sich in der ersten Hälfte/auf den ersten zwei Dritteln des Wettkampfs unendlich stark und muss sich ständig zurücknehmen, sonst erliegt man dem Tapering-Risiko am Wettkampftag: Pacing-Fehler auf der Basis von frischen Beinen wie zu schnelles Angehen oder ungeduldige taktische Vorstöße vor Renn-Mitte sind dann nur schwer zu vermeiden (»Ich weiß auch nicht, was passiert ist, ich hab mich die ersten 60 km so gut gefühlt«...).

Es kann Dir auch passieren, dass nach dem wochenlangen sorgfältigen Formaufbau mit durchschnittlich immer herausfordernden Trainingsaufgaben eine abrupte Drosselung des Pensums schon lange vor dem Wettkampf Deinen Stoffwechsel und Hormonhaushalt verrückt spielen lässt – Deine Körperfunktionen und Gefühle können durcheinander geraten wie bei Frischverliebten. Mag ja ganz cool sein, ist aber für eine optimale Einstimmung auf den Wettkampf ablenkend bis irritierend...

Als Ultraläufer brauchst Du nicht das Gefühl der absolut frischen Beine, denn nach 40 km im Wettkampf musst Du die wichtigsten Kilometer noch ziemlich lange mit nicht mehr wirklich frischen Beinen absolvieren. Tapering ist sinnvoll, aber bitte nach Möglichkeit keine Radikaleinschnitte im Laufpensum vornehmen. Es reicht, wenn Du einen Ruhetag mehr als zuvor einstreust, die langen Einheiten auf unter 35 km reduzierst und bei den übrigen Einheiten nur maximal 10% kürzt. In der Vorbereitung auf einen Etappenlauf würde ich sogar bis zum letzten Vorwettkampf-Tag täglich laufen (→ »Was ist mit Streaken, also ohne Ruhetag jeden Tag unterwegs sein?«, S. 87f.).

Woran erkennt man die Läufer, die sich in der Peaking- oder Tapering-Phase vor einem Wettkampf befinden?

Dass sie jegliches Händeschütteln vermeiden und unter einem neurotischen Waschzwang ihrer Hände leiden.

Zugegeben echt lahmer Witz – aber vielleicht eine hilfreiche Eselsbrücke, dass Du in den letzten Wochen vor dem Wettkampf besonders anfällig für Infektionen bist. Du tanzt wirklich auf der Rasierklinge zwischen den Hauptzielen A und B des Ultratrainings. Und der beste Schutz gegen Erkältungskrankheiten ist ja das Hand-Hygiene-Programm wie in der Kurzantwort oben erwähnt ...

Soll man nach dem langen Anlauf wirklich nur den einen Wettkampf bestreiten oder kann man mehrere Rennen bestreiten? Gibt es im Ultralauf eine »Wettkampfphase«?

Die mehrwöchige bis mehrmonatige Wettkampfphase kommt aus der klassischen Stadion-Leichtathletik. Also von uns Ultras auch zunächst mal grundsätzlich zu hinterfragen.

Meiner Erfahrung nach gibt es (je nach Natur des Hauptwettkampfs) einen Zeitraum von 6–8 Wochen, in der Du gleich 2–3 weitere Ultrawettkämpfe auf recht hohem Niveau zusätzlich bestreiten kannst. Auf Höchstniveau (für Dein Potential) geht aber nur ein einziger Ultrawettkampf, nämlich der erste nach Peaking und Tapering. Danach Peaking und Tapering für die nächsten beiden Wettkämpfe zeitlich komprimiert einfach zu wiederholen und darauf zu hoffen, dass der Aufbau Dir eine genügend stabile hohe Formgrundlage gegeben hat, ist eine sehr riskante Strategie. Die aber aufgehen kann, wie einige Ergebnisse von Spitzen-Ultras zeigen. Auch viele Ultratrailer müssen wohl oder übel eher diesen Ansatz einer komprimierten Wiederholung von Peaking und Tapering anwenden, denn die alpine Ultratrail-Saison ist nicht besonders lang, wenn man nicht in südliche Gefilde ausweichen kann oder möchte.

Bei mir ist es so, dass ich z. B. einen 100-km-Lauf auch 4 Wochen danach immer noch ein wenig »in den Knochen nachklingen« gespürt habe; mit realistischen (also heruntergeschraubten) Erwartungen gestartete Zusatz-Wettkämpfe über 50–80 km konnte ich dennoch zu meiner Zufriedenheit finishen. Aber alle PBs außer denen über 5 und 10 km habe ich allerdings doch genau an meinen Tag-X-Rennen und eben nicht in irgendwelchen Anschluss-Rennen erzielt.

Gibt es an der Regenerationsphase irgendetwas Ultra-Spezifisches?

Nein, hier kannst Du Dich den Ratschlägen der allgemeinen Lauf-Trainingsliteratur völlig anvertrauen.

Es ist nur so, dass Du als Ultraläufer noch gewissenhafter als Otto Normalläufer mindestens eine, besser zwei Regenerations-Phasen pro Jahr durchlaufen solltest.

Egal, ob Du nur den einen oder die 3–4 Ultrawettkämpfe bestritten hast: Nun musst Du wirklich ausruhen und mal ein paar Wochen aushalten, in der das aktive Laufen ganz stark eingeschränkt wird.

Wie lange sollte man als Ultra regenerieren? Was sollte man in der Regenerationsphase tun und lassen?

Nicht länger als für die kürzeren Distanzen; je nach Länge und Schwere der Hauptsaison etwa 2–4 Wochen.

Dein Körper, aber vielleicht sogar auch Deine Familie oder sonstige Umgebung braucht einfach eine mehrwöchige *relative* Ruhephase nach den Monaten, die mit vielen Trainings- und Wettkampf-km vollgestopft waren. Es ist auch ganz wichtig, dass Du mal nicht ans Laufen denkst, sprich Dich mental frisch machst. Für einige Ultras ist es überhaupt kein Problem, dass sie mal für ein paar Wochen im wörtlichen und übertragenen Sinne die Füße hochlegen. Aber auch diejenigen, die einfach nicht aufhören wollen, zu laufen oder ans Laufen zu denken, sollten sich zu einer Regenerationsphase von mehreren Wochen durchringen ... Es ist ja nur eine relative Ruhephase, drei Läufchen von 30–60 min. die Woche vielleicht auch mal auf ganz anderen Strecken als gewohnt, vielleicht ohne Uhr, schaden dem Erholungsprozess Deines läuferischen Gesamtsystems nicht. Aber bitte keine sogenannten Fun-Läufe (z. B. Kurzstrecken-Rennen wie Crossläufe oder 5-km-Rennen) in die R-Phase einbauen – das strapaziert den Hormonhaushalt dann doch noch zu stark. Radfahren oder Skifahren ist prima, so lange Du z. B. kein Berg-Zeitfahren gegen Dich selbst veranstaltest. Alle körperliche Aktivität in der R-Phase muss eher spielerisch sein. Lass Dich auch nicht überreden, doch mal in der Alte-Herren-Fußball-Mannschaft oder im Volleyball-Bezirksliga-Team auszuhelfen: das sind typische R-Phasen-Verletzungsfallen für Ultraläufer, und selbst wenn die Knochen heil bleiben, hast Du Deine Wettkampf-Hormondrüsen doch weiter strapaziert, statt auch ihnen mal eine lohnende Pause zu gönnen.

Muss man diese ganzen Trainings-Phasen so streng voneinander trennen?

In der Theorie ja, in der Praxis jein.

Als Ultraläufer, der es wirklich wissen will, solltest Du schon eine gute Vorstellung davon haben, was die Phasen Grundlagen, spezielle Vorbereitung nebst Peaking und Tapering, Wettkampf und Regeneration bedeuten, welchen Sinn sie einzeln und insgesamt haben. Es ist ja eigentlich auch vollkommen plausibel, dass man auf gewissen Grundlagen aufbauen muss, bevor man in die spezielle Vorbereitung gehen kann, oder dass man sich nach einem Wettkampf erst einmal eine Zeitlang erholen muss. Dennoch habe ich beobachtet, dass bis in die nationale Spitze der Ultralauf-Szene die prinzipielle Bedeutung und Sinnhaftigkeit der verschiedenen Trainingsphasen nicht bekannt ist oder für sich individuell als ungültig abgestritten wird. Oft genug der Grund für Kurz-Karrieren …

Andererseits sind wir als Ultraläufer auch nicht so gestrickt, dass wir jetzt unbedingt z. B. die Grundlagenphase bis KW 6 strikt abgetrennt von der speziellen Vorbereitungsphase ab KW 7 planen und durchführen müssten. Ein wenig Überschneidung ist da sogar nicht schlecht: Gegen Ende der Grundlagenphase den längsten Lauf auf 90% der Distanz des ersten Langen der Spezialvorbereitung anzulegen, ist z. B. sehr empfehlenswert. Wenn man eine präzise Vorstellung davon hat, was die einzelnen Phasen für einen Sinn haben und für sich selbst herausgefunden hat, welche Laufeinheiten besonders wirksam sind, kann und sollte man zur weiteren Optimierung der Wirksamkeit des eigenen Trainings ruhig die einzelnen Phasen mit 1–2 Wochen Überlappung planen. Außer natürlich vom Wettkampf in die Regeneration oder von der Regeneration in die Grundlagen: Die Regenerationsphase muss »unbefleckt« bleiben.

Was hältst Du von publizierten Trainingsplänen?

Sie sind in unterschiedlichem Ausmaß ein grober Klotz, aus denen man sich seinen persönlichen Plan zurechtschnitzt.

Töricht, völlig gutgläubig und naiv wäre es, einen publizierten Trainingsplan bis auf das i-Tüpfelchen befolgen zu wollen, nur weil er irgendwo gedruckt wurde. Seriöse Laufbuchautoren weisen denn auch darauf hin, dass ihre Pläne nur Grobanhaltspunkte bieten, die man individuell anpassen muss.

Eine individuelle Anpassung ist einmal erforderlich, weil jeder aufgeschriebene Trainingsplan eine bestimmte läuferische Grundausstattung wie z. B. das relative Ausdauer- und Tempovermögen voraussetzt (oft die des Autors, im besten Fall des »durchschnittlichen Läufers«). Ich musste feststellen, dass bereits bei Marathon-Trainingsplänen die Intervall-Vorgaben für mich nicht erreichbar waren, weil sie für 33 min/10-km-Läufer passend waren, während ich mit 35 min. am Ende meines 10-km-Potentials angelangt war. Oft sind die Unterdistanz-Tempovorgaben für uns Ultraläufer nicht realistisch, weil wir genau wegen unserer Ausdauertalente zum Ultralauf gekommen sind und nun Ultrastrecken relativ schnell, kurze Distanzen aber relativ langsam laufen. Tempo-Anpassungen der Plan-Vorgaben sind *eine* Geschichte, aber auch Länge und Häufigkeit der langen Einheiten müssen individuell dosiert und an anderen Stellen des Plans kompensiert werden. Es gibt halt Typen, die erst ab 4 Stunden Laufdauer so richtig warm werden, und dann wieder diejenigen, die man allenfalls mit 2 Einheiten von 50 km behelligen sollte, sonst schaffen sie die nächste Woche nur noch komplett im Schlurfschritt.

Zum anderen kann kein Autor von Trainingsplänen wissen, dass ich mittwochs nie eine Tempoeinheit machen kann, weil ich erst nach meiner Chorprobe/Französisch-Klasse/Privat-Verpflichtung XY maximal 45 min. locker im Dunkeln laufen kann. Er kann auch nicht wissen, dass der trainingsmethodisch super platzierte Doppeldecker ausgerechnet an dem Wochenende stattfinden soll, an dem ich für den Volkslauf meines Vereins von morgens bis abends als Freiwilliger abkommandiert bin. Regelmäßige oder einmalige Konstellationen im privaten Kalender sind nicht kompatibel mit den sauberst tabellarisch aufgeführten Trainingsplänen, wann 5 x 1000 oder 35 km mit 6 km Endbeschleunigung angesagt sind. Nicht weiter schlimm, wenn Du weißt, wie Du das Schema ändern kannst bzw. musst, damit es auch zu Deinem sonstigen Leben passt. Der Versuch jedoch, solche starren Schemata einfach stur abzuarbeiten, führt im besten Fall zu nicht optimaler Trainingswirksamkeit, in schlimmeren Fällen zu Familienstreit, Formabfall statt -aufbau etc.

Wie sieht eine typische Trainingswoche für ein Ultra-Training aus?

Jede Woche sollte anders sein als die vorherige…

Es gibt keine typische Trainingswoche, denn Dein Trainingspensum sollte sich einerseits über die Zeit von 8, besser 12 Wochen entwickeln und Du solltest mit viel Abwechslung arbeiten, sowohl um positiv wirkende Belastungsreize zum Formaufbau (Ziel A) und um unterschiedliche Belastungsformen zur Vermeidung von Verletzungen (Ziel B) in diesen langen Wochen im Programm zu haben.

Die Profi-Trainer sprechen vom Aufbau in Makro-, Meso- und Mikrozyklen. Manche verwenden nur noch den Begriff »Makro«. In diesem Zusammenhang ist das kein Excel-Kalkulationsprogramm, sondern ein Zeitraum von mehreren Wochen, in dem der Athlet planmäßig von einem Fitness-Niveau A zu einem höheren Niveau B geführt wird. Hier herrscht auch unter Experten eine gewisse Begriffsverwirrung, denn mit Makros werden manchmal komplette 12-Wochen-Aufbaupläne, manchmal die 3–4 jeweils mehrwöchigen Trainingsblöcke einer Spezial-Vorbereitung auf einen Wettkampf oder eine Wettkampfsaison bezeichnet – das ist für uns Ultras nur mäßig interessant ... Wichtig aber an der ganzen Makro-/Meso-/Mikro-Geschichte ist das Prinzip, dass nach einer Belastung auch immer eine Ruhe-/Erholungsphase kommen muss, damit das aktiv geleistete Trainingsprogramm zu den gewünschten Anpassungserscheinungen führen kann. Und zwar sowohl nach jeder Trainingseinheit, nach jedem 2–3-Wochenblock und nach jeder Trainings- und Wettkampfsaison (also mindestens 2x im Jahr).

Ganz allgemein gesprochen wirst Du in einer Woche in der Regel eine Tempoeinheit und eine lange Einheit machen, sowie 2 bis 4 weitere Läufe von etwa 1 bis 2 Stunden Dauer. Hier darfst und sollst Du die verschiedenen möglichen Trainingseinheiten abwechslungsreich zu einem Dir bekömmlichen Wochen-Cocktail mixen. Die Wochen-km steigen anfangs durch mehr Trainingseinheiten pro Woche, später durch durchschnittliche Verlängerung aller Trainingseinheiten. Aber nach dem Prinzip Belastung/Entlastung solltest Du spätestens nach 3 Wochen mit steigenden Umfängen eine »Erholwoche« mit weniger Umfang machen, dann natürlich erst recht in der eigentlichen Tapering-Phase vor dem Wettkampf.

Besonderheiten des 100-km- und 24-h-Trainings

Wie unterscheidet sich das 100-km- vom 24-h-Training in der speziellen Vorbereitung?

In der Mischung von Tempo- und reinen Ausdauereinheiten. Absolut betrachtet mehr Tempo für 100 km und sehr wenig für 24 h. Aber ***relativ*** *gesehen trainierst Du für 24 h alles im oder schneller als Renntempo!*

Über 100 km ist das Wettkampftempo deutlich schneller als der ruhige Dauerlauf; über 24 h ist es tatsächlich deutlich langsamer, als man bei seinen ruhigen Einheiten »normalerweise« unterwegs ist. Die bis Marathon üblichen Empfehlungen, nur etwa 10–20% des wöchentlichen Pensums im Wettkampftempo zu absolvieren, werden beim 100-km-Training bereits stark relativiert und beim 24-h-Training vollends auf den Kopf gestellt. Beim 24-h-Training ist es nicht nur völlig okay, sondern geht es praktisch nicht anders, als fast das gesamte Pensum im Wettkampf-Tempo oder schneller zu laufen. Die restlichen paar Prozent bleiben für schonende Tempoarbeit (Halbmarathon-Tempo). Beim 100-km-Training solltest Du in der Peaking-Phase, also in den letzten 4–6 Wochen, auch sehr häufig (bis zu 50% Deiner gelaufenen km) das 100-km-Wettkampftempo anschlagen, darüber hinaus aber noch schneller laufen (etwa 10% der km) und mindestens 30% im ruhigen Dauerlauftempo, aber immer noch schneller als das 24-h-Renntempo.

Wie sieht eine typische Trainingswoche für eine 100-km-Vorbereitungsphase aus?

Eine typische Woche gibt es ja nicht …

… aber Du machst in einer Woche eine Tempoeinheit (höchstens zwei) schneller als das 100-km-Renntempo und eine lange Einheit deutlich langsamer als Renntempo, sowie je nach Zeitpunkt im Trainingsaufbau 2 bis 4 weitere Läufe von etwa 1 bis 2 Stunden Dauer. Unter den verschiedenen möglichen Trainingseinheiten solltest Du abwechslungsreich wählen (nicht nur Intervalle, sondern auch Fahrtspiel, Speed-Sandwich oder Tempoläufe) – bis auf die Peaking-Phase solltest Du Intervalle nur moderat als Tempo-Erinnerungsläufe einsetzen. Die Wochen-km steigerst Du zunächst durch mehr Trainingseinheiten pro Woche, später durch durchschnittliche Verlängerung aller Trainingseinheiten, besonders der Langen. Und bitte nicht vergessen: nach 2–4 Wochen mit steigenden Umfängen eine relative Erholwoche mit weniger Umfang einlegen; dazu lässt Du den Langen bei 30–35 km enden und verzichtest evtl. auf eine kürzere Einheit von 10, 12 km.

Warum soll ich die Langen nicht im 100-km-Renntempo absolvieren?

Weil es kurzfristig (für die folgenden Trainingstage), schlimmer jedoch langfristig für den Wettkampf selber negative Auswirkungen hat.

Der einzige Vorteil mit dem im Renntempo gelaufenen Langen ist, dass Du eher unter der Dusche stehst. Diese paar Minuten bezahlst Du je nach Lauf- und Lebensalter aber mit 1–2 Tagen extra Regenerationsbedarf, d. h. kurzfristig hindert Dich der zu schnell gelaufene Lange daran, nach kurzer Regenerationszeit wieder eine Qualitäts-Trainingseinheit zu absolvieren. Stellst Du Dich stur und machst die Q-Einheit trotz müder Beine → prost Mahlzeit oder Übertraining, ich hör Dir trapsen …

Potentiell noch negativer ist der langfristige mentale Effekt. Mental hier im Sinne von unbewussten Steuerungsmaßnahmen, die Dein Gehirn gegen Deinen bewussten Willen einleitet. Wenn Du nämlich das auf Deinen Langen schön eingeübte Renntempo am Tag X anschlägst, läuft alles zunächst wunderbar. Nach 50 oder 60 km jedoch (wenn Deine Langen etwa so lang waren) wird es urplötzlich zäh, dieses eben noch locker erscheinende Tempo zu halten. Du hast nämlich den Punkt erreicht, bei dem Dein Körper sich daran gewöhnt hatte, dass nach ein paar Stunden mäßig anstrengenden Laufens nun aber Schluss ist. Ist es aber am Tag X leider nicht: Im Wettkampf musst du halt noch 30, 40 km weiter – in diesem Tempo, so war Dein Plan. Wenn Du Dich bzw. Deinen inneren Schweinehund darauf trainiert hast, dass nach 60 km im Renntempo Schluss ist, viel Vergnügen in den nächsten Stunden …

Warum tritt die mentale Bremse nicht auf, wenn man die langen Einheiten langsamer gemacht hat?

Naja, eine Garantie kann Dir niemand geben, dass Dir nicht nach 50–60 km im Rennen der Saft, die Luft und/oder die Lust ausgeht. Aber langsamere Lange können Dir helfen, dass dieser Zustand am Tag X später und nur sehr abgemildert kommt.

Das Geheimnis liegt darin, dass bei den langsam gelaufenen Langen Du ja am Ende das Gefühl haben solltest, (a) »dass Du … noch locker beschleunigen *könntest«* und (b) »… in diesem Tempo noch locker eine weitere Stunde laufen zu können.« So baust Du eine physiologische und psychologische Reserve für den Tag X auf. Noch anders ausgedrückt: Eigentlich kannst Du bei den Langen nur den Fehler machen, etwas zu schnell zu laufen. *Etwas zu langsam macht rein gar nichts aus* bzw. gibt es hier eigentlich nicht!

Wenn ich bei den Langen nicht im Renntempo laufen soll, wann trainiere ich denn das 100-km-Renntempo?

In den normalen »Dauerlauf«-Einheiten von 1 bis 1 ½ Stunden, die oft als »Füllsel« oder »leere Kilometer« bezeichnet werden.

Ich will mir nicht anmaßen, über den Sinn und Unsinn dieser Einheiten im Langstreckenbereich bis zum Marathon zu rätseln (beobachte nur mit Vergnügen, dass es hier Modewellen gibt, die diese »leeren Kilometer« verteufeln oder aber in den Himmel heben). Im Ultrabereich bis 100 km sind es aber in meinen Augen sehr wichtige Einheiten, die den ganzen Plan zusammenhalten!

Man muss sich vor Augen halten, dass das 100-km-Renntempo zwischen Deinem ruhigen Dauerlauf- und Marathon-Tempo liegt (etwas näher zum ruhigen Dauerlauf). Das bedeutet, dass Du mit nur »leicht schneller« gelaufenen ruhigen Dauerlauf-Einheiten ganz bequem km im Renntempo sammelst, ohne am nächsten Tag davon ausgebremst zu sein.

Hier bitte beachten, dass Du diese »leicht schnelleren« Dauerläufe erst spät im Trainingszyklus, nämlich in der Peaking-Phase etwa in den letzten 4–5 Wochen vor dem Wettkampf, einplanst. Zu diesem Zeitpunkt bist Du ja schon ziemlich gut in Form und führst dann folgerichtig eine kleine Verschärfung der durchschnittlichen wöchentlichen Intensität unter Beibehaltung des Umfanges ein.

Warum kann man nicht, wenn man z.B. 8:30 über 100 km geschafft hat, das nächste Mal einfach nach einem Plan auf 7:45 trainieren?

Aus dem gleichen Grund, aus dem es für 99,999% der Menschheit sinnlos ist, nach einem Marathonplan auf 2:02 zu trainieren.

In dieser Frage steckt oft die steile These, dass, wenn man nur entsprechend trainiert, dann die Ziel-Leistung des Plans auch schafft (»wenn ich ernsthaft darauf trainieren würde, würde ich das auch locker schaffen«). Diese Vermutung mag sogar ab und an zutreffen, wenn z. B. gute Marathonläufer sich über 100-km-Leistungen von Leuten unterhalten, die etwa gleich gute Marathonzeiten haben. In den meisten Fällen steht aber die abwegige Annahme dahinter, dass man ja »nur einen bestimmten Plan« abarbeiten muss, um die Ziel-Leistung dieses Plans in einem Wettkampf zu realisieren.

Das geht eben nicht – regelrechte Leistungs*sprünge* werden nur von relativ laufjungen Athleten geschafft; ein 8:30/100-km-Läufer ist in der Regel schon recht erfahren und wird dann möglicherweise von den Tempovorgaben in einem 7:45er Plan überfordert; statt sich zu verbessern, ist Stagnation oder sogar Leistungsrückgang vorprogrammiert, wenn man sich im Training zu viel zumutet.

Wie schaffe ich es, im 100-km-Lauf schneller zu werden / über 6 Stunden weiter zu laufen?

Du musst Deine Grundschnelligkeit oder Tempoausdauer erhöhen – oder eine Kombination aus beidem.

Grundschnelligkeit heißt hier nicht 100-m-Zeit, noch nicht einmal 10-km-Zeit, sondern Halbmarathon-Zeit bzw. besser noch Halbmarathon-Leistungsfähigkeit. Für die meisten Ultras ist die relevante Größe die Geschwindigkeit an der anaeroben Schwelle (Lactatschwelle) – in der Praxis ist das Dein Halbmarathon-Renntempo.

Nicht jeder schafft es, sich hier zu verbessern. Alle Läufer über 45 Jahre (und mit mindestens vier Laufjahren auf dem Buckel) werden in ihrem Leben nicht mehr schneller über Halbmarathon werden; jedenfalls nicht, wenn sie sich eher auf Ultraläufe spezialisiert haben. Aber je nach Ultra-Erfahrung kann durchaus immer noch eine 100-km-PB erzielt werden. Bernd Juckel lief seinen M60-Weltrekord auch als persönliche Lebensbestleistung, gleiches gilt für Wolfgang Braun, der mit 61 Jahren die Goldmedaille M60 bei der Senioren-WM 2015 in Winschoten mit PB errang!

Hier ging es offenbar mit verbesserter Tempoausdauer, also wie lang ein Tempo 15–20% langsamer als Marathon-Tempo durchgezogen werden kann.

Ganz allgemein und unabhängig vom Lebensalter kann man sagen: Je nachdem, ob Du nach einem guten 100-km-/6-h-Lauf Dein Tempo an der Lactatschwelle oder die Tempoausdauer als Deinen begrenzenden Faktor einschätzt, sollte Dein nächster Trainingsplan diesen Faktor betonen. D. h. mehr (oder längere) lange Einheiten und dafür etwas weniger im Tempobereich machen, wenn die Ausdauer noch gesteigert werden muss. Und umgekehrt lieber etwas Umfang reduzieren und »mehr Qualität« in Deine Trainingswochen (z. B. zwei Halbmarathon-Wettkämpfe in den letzten 8–10 Wochen vor dem Tag X) bringen, wenn es eher an Deinem Schwellentempo mangelt.

Wie kann ich abschätzen, auf welche Leistung hin ich trainieren sollte?

Durch sorgfältige Analyse des letzten Rennens, der Vorbereitung darauf und der Leistungs-Entwicklung auf Unterdistanzen.

Ein hypothetisches Beispiel: Läufer A und B sind beide 8:31 und 8:32 in einem 100-km-Rennen mit einem ziemlich flachen Kurs gelaufen. Läufer A hat dabei 10-km-Splits von 50–52 min., B von 47–59 min. gelaufen. Da Läufer A also schön konstant von Anfang an fast das Durchschnittstempo für eine sub-8:30 getroffen hat, hat er für seinen Trainingszustand wahrscheinlich auch das optimale Ergebnis erreicht. Läufer B dagegen hat mit viel zu flotter 1. Hälfte (da war er mit knapp unter 4 Stunden durch) besonders gegen Ende viel Zeit liegen lassen. Wenn wir weiter voraussetzen, dass beide exakt gleich trainiert waren, hat also Läufer B deutlich mehr Potential als A. Ohne weitere Faktoren zu berücksichtigen, könnte B für seinen nächsten Hunderter Richtung 8:10 – 8:15 trainieren, denn das hatte er eigentlich schon drauf, sich aber wegen schlechter Renneinteilung versaubeutelt.

Analyse der Vorbereitung: hierfür eignen sich die ersten 4, 5 Tage nach einem Ultra. Man geht noch einmal sein Lauftagebuch durch, und spiegelt diese lauf-biographischen Erkenntnisse (wann hab ich mich gut/schlecht gefühlt, welche Einheiten oder welche Art Einheiten sind mir besser gelungen, gab es Trainingsunterbrechungen wg. Krankheit etc.) an den noch frischen Empfindungen aus und direkt nach dem Rennen. Oft ist dieses Bauchgefühl (was hätte ich mehr trainieren müssen, woran hat es gefehlt) die beste Leitschnur zur Verbesserung des eigenen Trainings; man erhält so aber noch keinen quantitativen Anhaltspunkt, was diese Trainings-Umstellung für die Wettkampf-Leistung ausmachen könnte.

Leistungsentwicklung auf den Unterdistanzen: Jede Verbesserung auf einer kürzeren Distanz bedeutet prinzipiell, dass sich Dein Potential auch für längere Strecken verbessert hat. Und zwar sogar quantitativ berechenbar!

Hypothetisches Beispiel: Im Zuge der Spezialvorbereitung hattest Du einen Testlauf auf Deiner 10,3 km langen Runde in 41:42 allein gegen die Uhr absolviert und dann eine 100-km-Zeit von 8:32 gelaufen. Nun hat der Tempoblock Deiner Grundlagenphase Dich zu einer Testlauf-Zeit von 40:54 geführt – was heißt das für Deine 100-km-Trainings-Zielzeit? Nun, wenn man alle anderen Einflüsse mal außen vor lässt, bedeutet diese Verbesserung auf der Unterdistanz eine mögliche Steigerung Deiner 100-km-Zeit um 10 min. Die Rechnung ist einfach: 8:32 (oder 512 Minuten) geteilt durch 41:42 (oder 41,7 Minuten) ergibt den Faktor 12,3 (512 : 41,7 = 12,27...), mit dem Du Deine Testlauf-Zeit multiplizieren musst.

Diese einfache Dreisatz-Logik ist überraschend verlässlich, wenn Du Dir Deinen *persönlichen Hochrechnungsfaktor* durch mehrere Datenpaare etwas besser als mit einer einzigen Stichprobe er»mittelst«. Und sie ist auch nicht graue Theorie, wenn Du versuchst, andere Einflussfaktoren auf Deine Ultra- und Unterdistanzleistungen ebenfalls quantitativ abzuschätzen. Z. B. bist Du Deine 8:32 über 100 km als Läufer B des Beispiels oben gelaufen, also mit zu schneller 1. Hälfte. Wie oben argumentiert, hättest Du bei diesem Rennen bereits eine 8:10 laufen können –

mit der 41:42 auf der Teststrecke im Rücken. Jetzt mit der auf 40:54 verbesserten Unterdistanz-Zeit ist es also nicht unrealistisch, dass Du die 8:00 knacken könntest. Und sollte Dir rein hypothetisch eine 7:59 auch gelingen, darfst und sollst Du gern Deinen persönlichen Prognosefaktor 10,3-km-Zeit → 100-km-Zeit auf (479 : 40,9 =) 11,7 korrigieren. Oder weil bei Deiner hypothetischen 7:59 aber von den Wetterbedingungen angefangen auch alles gestimmt hat (hypothetisch), nimmst Du für Deine nächste Prognose sicherheitshalber nur den Mittelwert zwischen 12,3 und diesen 11,7, also 12,0.

Falls Dir jetzt der Kopf schwirrt: solche Berechnungen machst Du am besten nicht beim oder direkt nach dem Laufen. Mehr zu dieser ganzen Rechnerei und dem Sinn und Unsinn solcher Prognosen im Kapitel »Ultra-Wettkampf-Technik, -Taktik und -Logistik« ab Seite 129.

Was tun, wenn man die Vorgaben des Trainingsplans nicht einhalten konnte?

Ruhe bewahren ist die erste Ultra-Pflicht: Ich kenne niemanden, der einen Trainingsplan über mehr als 8 Wochen zu 100% erfüllt hat.

Der Trainingsplan ist echt nur ein Plan und nicht die Realität – er ist ja in der Regel noch nicht einmal das »ideale« Programm, um Dich in die optimale Form für den Tag X zu bringen, denn wer kennt schon den idealen Plan? Deswegen ist die oft gehörte Aussage »Der Plan von xy hat super funktioniert« nicht ganz exakt formuliert. Der Plan war die Leitschnur, an der entlang die wöchentlichen Trainingseinheiten mehr oder weniger getreulich eng ausgeführt wurden. In der Rückschau auf eine Saison ist deswegen das tatsächlich absolvierte Pensum und nicht der »Ideal-Plan« interessant für die Planung der nächsten Saison…

Nun zum Praktischen: Es gibt zwei grundsätzlich verschiedene Gründe, warum man die Vorgaben eines Trainingsplan nicht einhält. Grund 1 ist das eigene Potential, Grund 2 sind äußere Faktoren.

Grund 1: wenn Du körperlich (oder mental) eine bestimmte Einheit (z. B. Tempovorgabe) nicht schaffst. Hier würde ich zwei, drei solcher Einheiten abwarten – hattest Du nur mal einen schlechten Tag, kannst Du ohne Plankorrektur weitertrainieren. Ist die Abweichung aber durchgängig, passt der Plan einfach nicht zu Dir. Entweder Du hast Deine läuferischen Fähigkeiten zu hoch eingeschätzt, dann musst Du zu einer weniger ehrgeizigen Planvariante wechseln, oder Du weichst in den relativen läuferischen Fähigkeiten sehr stark vom Durchschnitt ab (kannst z. B. wunderbar Intervalleinheiten noch schneller als Vorgabe laufen, aber brichst bei längeren Tempoläufen auseinander), dann musst Du halt den weiteren Plan so ändern, dass die einzelnen Vorgaben Deinen Fähigkeiten besser entsprechen. Im ersten Fall (zu optimistische Selbsteinschätzung) musst Du übrigens auch Deine Wettkampfziele korrigieren; im zweiten Fall (individuelle Abweichung vom Idealtyp) nicht unbedingt, je nach Stärke-/Schwäche-Profil und den Anforderungen Deines angestrebten Wettkampfes.

Grund 2: äußere Faktoren, die Dir die Erfüllung des Trainingsplans verhageln, können Wetter/Laufoberflächenbeschaffenheit sein, eine Infektionskrankheit oder sonstiges Wehwehchen, irgendwelche familiären oder beruflichen Sondersituationen. Dass Du bei Schnee und Glatteis oder starkem Gegenwind nicht das vorgegebene Tempo laufen konntest, ist einleuchtend. Hier reicht es, die Einheiten in etwa der gleichen gefühlten Intensität wie unter idealen Bedingungen durchzuziehen. Der beabsichtigte Trainingseffekt richtet sich immer nach der gefühlten Intensität, d. h. objektiv langsame Intervalle im Tiefschnee haben den gleichen Effekt wie objektiv schnelle auf idealem Untergrund, so lange die subjektive Anstrengung gleich ist. Eines der Details, wo Lauf-Erfahrung wirklich hilfreich ist.

Fallen Dir ein paar Trainingseinheiten wegen z. B. Erkältung oder einer familiären Notsituation weg, musst Du evtl. umdisponieren. Hier ist die Dauer Deiner Zwangspause entscheidend. Ein paar Tage (ich würde sagen 4–5) Pause kannst Du nämlich glatt ignorieren. Du trainierst einfach so weiter, als ob Du alle ausgefallenen Einheiten gemacht hättest! Gute Trainingspläne funktionieren nämlich wie ein Raddampfer flussabwärts – wenn da der Motor mal kurz aussetzt, fährt das Ding trotzdem eine Zeitlang weiter und nur unmerklich langsamer als mit Motor.

Hast Du eine Woche oder länger aussetzen müssen, muss der anschließende Plan verändert werden. Krankheitsbedingter Ausfall bedeutet ja, dass Dein Körper geschwächt ist und Du eine weitere Woche zum vorsichtigen »Wieder-Reinkommen« opfern musst; im besten Fall kannst Du danach in der übernächsten Woche das ursprünglich dafür geplante Pensum absolvieren, ansonsten musst Du halt Abstriche von z. B. 10% bei Umfang und Intensität machen. Dagegen kannst Du nach Zwangspausen wegen »keine Zeit« mit ungebrochenem Elan weiter machen. Allerdings auch nicht nach dem Originalplan, sondern in der ersten Woche nach der Pause sollte die wichtigste ausgefallene Trainingseinheit (meist der Lange, aber es kann auch eine Tempoeinheit sein, wenn Dein Schwerpunkt darauf liegt) nachempfunden werden. Nicht 1:1 nachgeholt, das wäre zu viel. »Nachempfunden« bedeutet, dass der erwartete Trainingseffekt des ausgefallenen 50-km-Laufs nun durch eine 30-km-Einheit (statt 15 oder 20 im Originalplan) zusätzlich zu dem geplanten Langen in der ersten Woche nach der Pause in etwa nachgeholt wird. Du musst in jedem Falle entscheiden, ob Du durch die Zwangspause lieber die Zielzeit/-Leistung am Tag X herunter schraubst oder das Risiko eingehst, leicht untertrainiert für dieses Ziel an den Start zu gehen.

Dann spielt es natürlich auch eine Rolle, wann im Trainingszyklus Dich die Zwangspause trifft. Je später, desto kritischer für das Wettkampfergebnis – es sei denn, Dich trifft die Zwangspause in den letzten 10 Tagen vor dem Wettkampf und ist keine fette Infektion.

Wie herum ist es besser – langer Lauf gefolgt von Tempoeinheit oder umgekehrt?

Beides ist definitiv nicht gut, wenn wir hier von hintereinander folgenden Tagen reden – also am besten nicht so planen und vor allem nicht so laufen!

Beide Qualitätseinheiten sollten mit frischen Beinen begonnen werden. Die Qualität der 2. Einheit wird sinken und der Trainingseffekt beider Einheiten wird sinken, wenn man solche Tage einlegt, da die benötigte Regeneration durch einen weiteren Reiz gestört wird. Natürlich ist es weniger schlecht für Ultraläufer, beim Tempo Opfer zu bringen, sprich die Tempoeinheit nach dem langen Lauf zu machen. Weniger schlecht, aber trotzdem schlecht …

Also bitte immer vor einem Langen oder einer Tempoeinheit einen Ruhetag oder eine ruhige kurze Einheit einplanen. Solltest Du aus welchen Gründen auch immer in die Situation kommen, doch einen Doppeldecker Tempo/Lang oder Lang/Tempo absolvieren zu müssen, würde ich Dich ganz klar dazu ermuntern, einfach die Tempoeinheit mal ganz mutig komplett auszulassen. Denn es ist ja das Hauptziel A Deines Trainings, in Form für einen Ultrawettkampf zu kommen und B Verletzungen oder Infektionen zu vermeiden – und nicht, ein bestimmtes Programm auf Biegen und Brechen zu erfüllen!

Kann man zwei Tempoeinheiten an aneinander folgenden Tagen einplanen?

Schon eher, aber auch hier ist es natürlich besser, nicht so zu planen oder zu handeln.

In der Regel machst Du als Ultraläufer in der Wettkampf-Vorbereitung ja nur einen Tempotag pro Woche. Du wirst also eigentlich nur bei den mehrwöchigen Tempoblöcken der Nebensaison in eine solche Situation kommen können. Wegen des Prinzips »erst Belastungsreiz setzen – dann Zeit zur Regeneration und Superkompensation geben« würde ich sagen, dass 2x das Gleiche an zwei Tagen hintereinander weg zu trainieren nicht besonders schlau ist. Also nicht nach der harten 12 x 400 Intervall-Einheit am Dienstag dann gleich am Mittwoch ganz neugierig mal nachsehen, ob sich das Vortagstraining schon ausgewirkt hat und nochmal 12 x 400 runterreißen wollen. Wenn Du dagegen am nächsten Tag etwas sehr stark Abweichendes von den 12 x 400 machst, geht das schon eher. Ein lockeres Fahrtspiel, wo Du eh nach Körpergefühl läufst, ist hier am besten. Recht gut gingen vielleicht auch noch Tempowechselläufe (z. B. alle 2 km zwischen lockerem Dauerlauf- und Marathon-Tempo hin und her wechseln). Und noch ein Tipp für solche hoffentlich seltenen Tempotag-Dopplungen: Wenn Du am nächsten Morgen nach der ersten Tempoeinheit einen wirklich lockeren Regenerationslauf von 3–5 km als Puffer vor die zweite Tempoeinheit am Abend legst, kann das helfen, die Qualität dieser 2. Tempoeinheit hoch zu halten.

Kann/Soll man zwei lange Läufe hintereinander (Doppeldecker) einplanen?

Man kann, aber man sollte nicht unbedingt.

Unbedingt sollte man die Regel beachten, Doppeldecker nicht am Anfang der Spezialvorbereitung als Hilfsmittel zur Erhöhung der Wochen-km zu missbrauchen. Der Sinn einer Spezialvorbereitungsphase auf einen Ultralauf ist ja, Dich *allmählich* an ein Wochenpensum heranzuführen, das dann am Tag X in die optimale Leistungsbereitschaft mündet. Doppeldecker am Anfang eines Trainingszyklus machen Dich eher für die komplette Folgewoche müde und platt – großes Risiko, dass Du schon am Anfang Deiner Vorbereitungsphase die Lust an längeren Läufen verlierst und Dich in den Keller trainierst.

Doppeldecker in der zweiten Hälfte der Vorbereitungsphase können dann besser weggesteckt werden und haben für manche Leute einen wichtigen mentalen Wert: »Aha, innerhalb von 30 Stunden konnte ich Distanz x + y relativ mühelos bewältigen, dann werde ich am Renntag gut getapert etc. x + y am Stück auch schon schaffen«. Der physiologische Trainingseffekt von Doppeldeckern bleibt jedoch fraglich; schließlich fängt man den zweiten Lauf des Doppeldeckers an, wenn man sich noch nicht wieder ausreichend vom ersten erholt hat: die Gefahr des Übertrainings ist immer noch da. Diese Gefahr kannst Du dadurch mildern, dass Dein erster Lauf bewusst superlangsam geschlappt wird – und umgekehrt erhöhst Du das Übertrainingsrisiko durch einen flotten ersten Lauf. Manchmal auch »Vorermüdung« genannt. Sollte aber besser mit vollem Namen genannt werden: »Vorsicht/Achtung/Gefahr: Vorermüdungs-bedingtes Übertraining droht«.

Und dann gibt es ja noch diejenigen armen Schlucker unter uns, die halt nur am Wochenende Zeit haben, um richtig auf Kilometer zu kommen. In diesem Falle würde ich sagen: Sie dürfen sich völlig zu Recht unterprivilegiert in ihren Trainingsmöglichkeiten fühlen, d. h. sie müssen das Beste aus ihrer suboptimalen Lage machen. Wenn Du nach dem Wochenende 3 Tage überhaupt nicht trainieren kannst, dann betrachte diese 3 Tage als »Zwangs-Regenerationszeit«, mit welcher Du Deinen Doppeldecker verdauen kannst, während Du unter idealen Trainings-Voraussetzungen spätestens am 3. Tag bereits wieder eine Qualitäts-Einheit machen würdest. In dem Notstandsszenario »Nur am Wochenende« halte ich Doppeldecker für einen akzeptablen Notnagel, nach dem Motto »Wenn schon nicht ideal, dann wenigstens mit vollem Risiko«.

Was ist mit Etappenläufen zur Vorbereitung eines 24ers? Das sind ja oft 3 oder mehr Doppeldecker hintereinander!?

Stimmt, das ist eine Aneinanderreihung von Läufen über ca. 50–80 km ohne Ruhetag; und sie können tatsächlich hilfreich sein, eine gute 24er-Form aufzubauen.

Bei üblichen Doppeldeckern bin ich recht skeptisch (s. vorige Frage), bei Etappenläufen recht positiv. Hier gibt es nämlich die ganz wichtige Besonderheit, dass sich für ein paar Tage aber auch alles ausschließlich ums Laufen und die entsprechende Regeneration dreht. Man befindet sich in einem Ultralauf-Kokon, wo einen nichts von den Grundtätigkeiten Laufen, Duschen, Essen, Schlafen und den Begleitaktivitäten Massage, Lauf-Fachsimpeln und physische wie mentale Vorbereitung auf die nächste Etappe ablenkt. Anders gesagt: Ein Etappenlauf, bei dem die einzelne Etappe nicht auf Anschlag gelaufen wird, ist ein ideales Trainingslager für Lang-Ultraläufer. Wenn man also an normalen Wochenenden einen üblichen Doppeldecker plant, sollte man diese besonderen Etappenlauf-Faktoren möglichst gut imitieren.

Wie wichtig sind Ruhetage?

Es ist nicht so wichtig, echte Ruhetage (= ganz ohne Läufchen) zu machen, aber jede Trainingswoche sollte mindestens einen gefühlten Ruhetag haben.

Ein Ultramarathon-Trainingspensum durchzuziehen ist deutlich mehr als täglich mit dem Hund Gassi zu gehen. Echte Arbeit nämlich, meistens befriedigende Arbeit zwar, aber Arbeit. Und nicht umsonst gibt es in allen menschlichen Kulturen pro Woche den einen Ruhetag von der Arbeit, an dem man sich ausruht. Ruhetag von der Laufarbeit heißt für mich: nicht laufen, auch keine Alternativ-Einheit auf dem Rad, mit Langlaufski oder im Schwimmbad durchziehen. Gefühlte Ruhetage sind solche, bei denen ein kurzer Lauf von 5, 6 km oder ein Radausflug ohne Hecheln subjektiv den gleichen Erholungswert bringt als wenn man körperlich total auf der faulen Haut gelegen hätte. Auf diese kleine Aktivität des gefühlten Ruhetags muss man sich freuen, nur so kann es funktionieren, dass man sich auch im Kopf erholt. So wie der Gärtner sich vielleicht am Sonntag noch mal spielerisch schnippelnd an den Rosen zu schaffen macht, sich dafür aber nicht in Arbeitskleidung stürzt, weil er es eben nicht als Arbeit sieht.

Sollte ich einen Ruhetag eher nach einer Tempoeinheit oder einem Langen machen?

Nach dem Langen, weil Du als Ultra keine so harten Tempoeinheiten machen solltest, dass Du nach diesen einen echten Ruhetag brauchst.

Der Ruhetag nach dem Langen ist dagegen eine Wohltat für die Sehnen, Gelenke, die mehr Zeit sowohl für die Regeneration als auch die Anpassung an neue Belastungsniveaus benötigen als die Muskeln. Was auch immer genau dahinter steckt: Nach einem langen Lauf, besonders in den ersten Wochen Deines Trainingszyklus, bist Du einfach länger platt als nach einer relativ verhaltenen Tempoeinheit.

Nur in jener Zeit im Jahr, in dem Du Dich komplett auf das Tempotraining verlegst (und keine richtig Langen machst), wirst Du auch Ruhetage nach einer harten Tempoeinheit gut brauchen können.

Was ist mit Streaken, also ohne Ruhetag jeden Tag unterwegs sein?

Streaken kann eine gute weitere Maßnahme in der unmittelbaren Wettkampf-Vorbereitung, der sogenannten Peaking Phase, sein, z. B. hervorragend für Ultra-Etappenläufe.

Für Etappenläufe sehe ich das oben beschriebene allgemeine Tapering-Risiko als sogar sehr ausgeprägt an: Dass Du mit zu viel unbändiger Kraft eine saustarke erste Etappe läufst und damit den Grundstein gelegt hast, nämlich um den eigenen Hals, dass Du ab Tag 2 jeden Tag mehr durch's Feld nach hinten gereicht wirst, wenn Du nicht ganz aussteigen musst. Hier kann es hilfreich sein, dass Du für die letzten Wochen vor der 1. Etappe alle Deine Systeme auf tägliches Laufen (wenn auch längst nicht so lang wie die Etappen) einjustiert hast.

Aber auch für Einzelrennen kann der Verzicht auf Ruhetage noch die kleine Formverbesserung bringen, die Dich z. B. zu einer PB führt.

In beiden Fällen bitte nicht diese Hardcore-Streaker-1,6-km-Läufe machen – mindestens ne halbe Stunde solltest Du schon laufen, sonst hast Du zwar die offiziellen Streaker-Kriterien erfüllt, aber im Grunde Zeit verschwendet…

Wenn Du einen Ruhetag im Plan durch eine Laufeinheit ersetzt, muss diese selbstredend im gemütlichen Tempo gelaufen werden und sollte nicht länger als eine Stunde dauern. Du musst Dich nach dieser wie jeder »regenerativen Einheit« tatsächlich am Ende des Laufs besser/frischer/lockerer fühlen als am Anfang – wenn nicht, war es zu schnell und/oder zu lang.

Sind 2–3 Einheiten pro Tag sinnvoll?

Ja, die Kenianer machen es ja so…

Das Problem dabei ist, dass wir Amateure oft seit Jahren auf maximal 1x Laufen pro Tag konditioniert sind. Das heißt, man sollte das mehrmalige Laufen pro Tag nicht im Hau-Ruck-Verfahren in den Alltag einführen, sonst könnte es schnell unbekömmlich werden (entweder körperliche Gegenreaktionen oder solche der Familie …). Als neuer Reiz, z. B. in einem optimal vor den Hauptwettkampf gelegten Urlaub, kann das Laufen von 2 oder 3 Einheiten am Tag (aber bitte nur an 2 Tagen der Woche) schon einen schönen Formschub bringen, der z. B. mit verschärften Intensitäten nicht mehr so leicht und gefahrlos gelingen würde.

Das größere praktische Problem für fast alle Ultraläufer ist die fehlende Zeit. Aber z. B. diejenigen, die von und zur Arbeitsstelle laufen können, sollten dieses auch gelegentlich als Trainings-Vorteil für einen Tag mit 2 Einheiten ausnutzen.

Und wie an anderer Stelle begründet: Bitte nicht die ganz Langen in 2 oder 3 mundgerechte Portionen unterteilen!

Wie sieht eine typische Trainingswoche für eine 24-h-Vorbereitungs-Phase aus?

Eine typische Woche gibt es auch hier nicht, s. analoge Frage beim 100-km-Training.

Es gibt aber etwas, was für viele Läufer ein typisches Merkmal eines 24-h-Trainings darstellt bzw. darstellen sollte: den Energieaufwand für das geeignete superlangsame 24-h-Renntempo zu minimieren. Jeder Mensch kann sehr langsam laufen, das braucht man also eigentlich nicht zu trainieren. Es kommt aber im 24-h-Lauf (und wahrscheinlich bei den noch längeren Wettkämpfen von 48 h oder mehreren Tagen Non-Stop) entscheidend darauf an, dass man beim langsamen Laufen auch den Energieverbrauch entsprechend senkt: *langsam und deswegen superökonomisch*. Man muss also beim 24-h-Training darauf abzielen, dass man auch den Energielohn für das gefühlt grottenlangsame Tempo bekommt. Ansonsten ist man nur langsam und nach 8 oder 10 Stunden ähnlich fertig mit der Welt wie mit einem utopisch hohen Tempo …

Ich kenne sehr viele Läufer, die bei einem Schnitt von 6 min/km oder langsamer sagen: »Sooo langsam kann ich gar nicht laufen, da tut mir alles weh«. Manchmal nur eine Schutzbehauptung, weil sie keine Lust haben, so langsam dahin zu zockeln. Aber manchmal ist es wirklich die Wahrheit – wenn es »zu langsam« wird, wird bei vielen Läufern der Energieverbrauch pro zurückgelegter Strecke wieder höher, sprich die Laufökonomie wird schlechter statt besser…

Tatsächlich war es auch bei mir so, dass ich das superökonomische Langsam-Laufen vor meinen ersten beiden 24ern regelrecht erlernen bzw. mir antrainieren musste. Das waren übrigens die einzigen Trainingseinheiten in meinem Leben, die ich mit Pulsmesser absolviert habe. Auf Anraten von Sigurd Dutz, zweifachem Deutschen 24-h-Meister aus 2002 und 2003, sollte ich meine langen Einheiten unbedingt im Pulsbereich 125–130 und auf keinen Fall darüber absolvieren. Mein Problem war, dass ich anfangs laufend gar nicht unter Puls 130 gekommen bin – wenn ich versucht habe, noch langsamer zu laufen, stieg der Puls wieder auf ca. 135! Meine Laufökonomie war also nur in einem für ein 24-h-Rennen viel zu schnellen Tempobereich in Ordnung, darunter bewegte ich mich einfach nicht flüssig, sondern zähflüssig mit unökonomischen Mini-Rucken oder was weiß ich. Aber nach einigen Trainingseinheiten mit der Puls-Polizei am Arm ging bei mir dann der langsam-ökonomische Knopf auf: Nach und nach konnte ich durch langsameres Laufen sogar Pulswerte von unter 120 bewusst ansteuern, und das Gefühl war nun ganz anders. Vorher hab ich mein langsames Laufen eher als stolperig und unrund erlebt, nach dem Erlernen hatte ich das Gefühl, flüssig und halt super-energieschonend durch die Landschaft zu gleiten. Und noch was: Irgendwann war ich mit einem Puls von 125 im 6er-Schnitt unterwegs, rund zehn Schläge weniger als vor dem Einüben des 24-h-Renntempos!

Muss man das Laufen bei Nacht/ gegen den Biorhythmus trainieren?

Nicht unbedingt.

Ich muss gestehen, dass ich nicht weiß, ob das Ankämpfen gegen den üblichen Tag-/Nacht-Rhythmus überhaupt trainierbar ist. Was ich aber weiß: Mir haben Läufe durch die Nacht vor meinen ersten beiden 24-h-Läufen mental und trainings-physiologisch sehr gut getan. Um einfach mal vor dem Wettkampf die Erfahrung gemacht zu haben, empfehle ich einen Nachtlauf mindestens vor dem ersten 24er.

Nachts ist es bekanntlich dunkler als draußen und deswegen läuft man nachts auch automatisch etwas langsamer. Einen längeren Nachtlauf von 6–8 Stunden, am besten nach Sonnenuntergang gestartet aber bis weit nach Sonnenaufgang gelaufen, halte ich für eine ganz wunderbare Trainingseinheit. Du erzielst damit sowohl einen ausgezeichneten Trainingseffekt, sammelst Erfahrung im nächtlichen Rumtapsen, wieviel bzw. wie wenig Licht Du tatsächlich brauchst, und erlebst die grandiosen Stunden vor und nach Sonnenaufgang in meist exklusiver Einsamkeit – ganz großes Laufkino! Manche holen sich für diese Nachtläufe Flankenschutz durch Mitläufer, das ist auch 'ne prima Sache und für ängstliche Naturen wohl entspannter als als einsamer Wolf durch die nächtliche Fast-Stille mit doch immer mal merkwürdigen Geräuschen zu ziehen ... Einen einzigen Nachtlauf in der Vorbereitung halte ich für ausreichend, ein weiterer ist sicher nicht schädlich.

Was ich auch noch festgestellt habe: Nachts kann man entweder schlafen oder laufen. Der Tag nach einer durchgelaufenen Nacht sollte kein normaler Arbeitstag, sondern schon ein freier sein – ich war aber nach allen Nachtläufen ohne Nickerchen oder dergleichen den ganzen Tag über ziemlich wach und bin auch erst zur üblichen Zeit am nächsten Abend ins Bett gegangen. Wenn es Dir auch so geht, kannst Du gut noch einen zweiten Nachtlauf vor dem 24er machen.

Muss man Essen und Trinken für den 24-h-Lauf trainieren?

Für das 24-h-Training: ja, ja , ja – unbedingt!

Du musst ja nicht üben, wie man isst und trinkt, das hast Du normalerweise spätestens nach dem Kindergartenalter drauf. Aber für das Essen und Trinken beim 24-h-Lauf gibt es gleich mehrere Übungsfelder.

Schon bei kurzen Läufen kannst Du üben bzw. ausprobieren, wie Du am besten richtig viel Flüssigkeit ohne großes Kleckern selbst im lockersten Laufschritt zu Dir nehmen kannst. Also welche Trinkflaschen/Verschlüsse/Öffnungen für Dich da am einfachsten handhabbar sind. Auch das Sortiment möglicher fester oder halbfester Nahrung wie Gele, Haferschleim, Joghurt kannst Du auf kurzen Läufen schon mal einengen: Womit Du hierbei nicht klarkommst, brauchst Du auf längeren Strecken erst gar nicht auszuprobieren.

Das Essen und Trinken auf Trainingsläufen von mehr als 5 Stunden Dauer brutto (also inklusive der Zeit, in der Du herumstehst und z. B. darauf wartest, dass Du an der Supermarktkasse endlich bezahlen darfst) ist dann tatsächlich mehr ein Experimentieren, was Dir für die weiteren Lauf-km gut bekommt und was eher nach hinten losgeht. Du musst unbedingt salzig-herzhafte Alternativen zu den üblichen Gels, Kohlenhydrat-Energiedrinks und Rosinen/Obst/Gummibärchen-Angebot der allgemeinen Verpflegungsstationen ausprobiert und für Dich gefunden haben, denn kein Mensch kann mehr als 10 Stunden ausschließlich nur Süßes in sich hineinstopfen.

Ich habe hier sehr gute Erfahrungen mit Pellkartoffeln (nachträglich extra gesalzen) und sogar Oliven gemacht. Einschränkend muss ich hier einräumen, dass ich mit einem ziemlichen Pferdemagen ausgestattet bin und so ziemlich alles essen kann, was mir unter die Augen kommt, ohne dass ich gleich Magen-Darm-Probleme bekomme. Aber durch Versuch und Irrtum habe ich festgestellt, dass auch ich eine fette Pizza nicht schnell genug verdauen kann, dass zu kalte kohlensäure-haltige Getränke mir dann und wann etwas zu schnell durch den Darm schießen. Dass ich aber Kaffee prima vertrage und während des Laufens auch keine besondere harntreibende Wirkung dieses Getränks verspüre. Die von vielen Läufern heißgeliebte Cola habe ich dagegen für mich gestrichen, weil ich glaube, dass sie die bei mir sowieso vorhandene Neigung zu Muskelkrämpfen verstärkt. Ich sage *glaube*, weil ich keine Lust habe, in einer Versuchsserie mit mir selbst das auch wirklich sattelfest zu machen ...

Manche Läufer entwickeln eine regelrechte Abneigung gegen bestimmte Speisen oder bekommen während des Rennens Heißhunger auf etwas ganz Spezielles, was man in dieser Form nur bei Schwangeren kennt. Ziemlich häufig ist die Abneigung gegen jede Art von »Süß«, die sich nach 10 bis 16 Stunden unaufhaltsam entwickelt. Auch deswegen solltest Du nach salzig-deftigen Alternativen, die für Dich bekömmlich sind, suchen.

Wie schaffe ich es, über 24 h weiter zu laufen?

Du musst einfach sowohl im Training wie im Wettkampf noch wenig angezapfte Potentiale anzapfen.

Der erste gelaufene 24er bietet Dir bereits ein Füllhorn an Informationen, die Du über Dich gesammelt hast, bewusst wie unbewusst. Du hast ganz bestimmte Erfahrungen im Training gemacht und daraus Erkenntnisse abgeleitet, die bei der Vorbereitung auf den nächsten 24er viel wertvoller sind als alles, was ich oder andere Autoren an pauschalen Trainings-Empfehlungen geben können – personalisierte Info ist das, was nur Du über Dich hast. Und das Gleiche trifft natürlich auf Dein Rennen zu. Ganz banal gesagt wirst Du versuchen, die gleichen Fehler im Training oder der Renngestaltung zu vermeiden. Du wirst die Punkte ziemlich präzise benennen können, die Du im Training bzw. im Wettkampf anders machen wirst. Das sind Deine noch nicht angezapften Potentiale.

Potentiale zur Trainings-Optimierung könnten z. B. darin liegen, mehr oder weniger Doppeldecker zu machen, mehr Tempoarbeit oder andere Tempoeinheiten in den Plan zu integrieren, die Auswahl der sog. Aufbauwettkämpfe noch sorgfältiger/logischer durchzuführen und vor allem, diese tatsächlich als Trainings-Aufbau und nicht als Wettkampf zu laufen, an der Peaking- und Tapering-Phase gewisse Feinoptimierungen vorzunehmen (wann der letzte ganz Lange, wie lang die Einheit am Wochenende vor dem Wettkampf, wie viele Ruhetage etc.). Im Rennen sind es oft das doch viel zu schnelle Start-Tempo oder das »große Laufen« nach 3, 4 Stunden diszipliniertem ruhigen Tempo/zu frühes Schielen auf Platzierungen; aber auch eine mangelhaft durchgehaltene Boxenstrategie (oder das komplette Fehlen einer solchen), das noch nicht optimale Zusammenspiel Betreuer–Athlet (oder das Rekrutieren eines Betreuers!) und so profane Sachen wie Bekleidung (welche Sachen, welche Ordnung in der großen Lauftasche, Zeitpunkt der Kleiderwechsel von Tag zu Nacht und wieder zurück, Regenschutz etc.) und natürlich das große Feld der Laufernährung und ggf. noch physiotherapeutische Schnell-Interventionen können jede Menge nicht ausreichend abgedeckte Potentiale sein, die sich zu etlichen km mehr oder weniger addieren können.

Müssen Frauen anders trainieren als Männer?

Weiß ich nicht, bin noch nie 'ne Frau gewesen.

Bei dieser Frage möchte ich aber aus den Erfahrungen, die ich als Ultramarathonberater des DLV gesammelt habe, doch eine ungefähre Antwort rausdestillieren:

Frauen müssen fast genauso wie Männer trainieren, z. B. eine 24-h-Stunden-Läuferin mit 215 km Leistungspotential kann den gleichen Trainingsplan verfolgen wie ein 24-h-Läufer mit dem gleichen Potential – wenn die sonstigen läuferischen Voraussetzungen wie Zeiten über Unterdistanzen, Lebens- und Laufalter identisch sind. Dass die Frau in diesem Beispiel zur nationalen Spitze gehört und der Mann national eher in der zweiten Reihe angesiedelt ist, ändert nichts an diesem Statement. In der Praxis ist es aber schon so, dass die guten Ultraläuferinnen über die Unterdistanzen meist etwas langsamer sind als die »ultragleichen« männlichen Kollegen; dann müssen sie eben auch anders trainieren.

»Fast genauso«: Frauen dürfen sich bei den Tempoeinheiten etwas mehr austoben als ihre männlichen Kollegen, weil sie sich im Schnitt schneller davon und auch von den Langen erholen. Menstruationsprobleme gibt es bei Männern dagegen eher selten …

Müssen ältere Ultras anders trainieren als jüngere?

Ja, unbedingt! Je älter man wird,
desto langsamer läuft und regeneriert man.

Du solltest Dich damit arrangieren, dass Dein Tempo auf allen Distanzen ab einem bestimmten Alter allmählich langsamer wird. Je nach Einstieg in das Wettkampflaufen ab ca. 40 bis 45 Lebensjahren, deutlich dann ab 55 Jahren. Das ist ein Fakt, der sich inzwischen auch mit umfangreicher statistischer Basis untermauert (s. z. B. die »alterskorrigierten Zeiten« in der DUV-Statistik) einfach nicht wegleugnen lässt. Es ist viel klüger, Du freundest Dich damit an, dass der Zahn der Zeit auch an Dir nagt und läufst z. B. entsprechend der biologischen Leistungsminderung auch weniger km: Mit 60 Jahren schafft man nur noch etwa 20% langsamere Zeiten über die verschiedenen Laufdistanzen als zu den besten Zeiten. Das bedeutet dann aber auch, dass man beispielsweise statt 4500 nur noch 3600 Jahres-km, in Hochphasen des Trainings nur noch 120 statt 150 Wochen-km trainieren braucht – alles andere wäre eine relative Überforderung des ehrgeizigen Senioren. Auch die Anzahl der langen Läufe pro Vorbereitungsperiode von ca. 12 Wochen sollte man um mindestens 20% reduzieren.

Ein anderer Vergleich: Ein 60-jähriger und ein 30-jähriger 100-km-Läufer haben beide das gleiche Leistungspotential, z. B. 9:00 Stunden. Das Training der beiden wird sich in einigen Punkten leicht unterscheiden. Der M30er kann sich in der Regel sowohl auf Unterdistanzen wie auch im Ultra noch deutlich verbessern, der M60er meist nicht (es sei denn, er ist kein alter Ultrahase, sondern auch Novize). Aber auf jeden Fall hat der M30er eine bessere Regenerationsfähigkeit, d. h. er kann z. B. Doppeldecker besser verkraften, er braucht weniger Ruhezeit nach einem harten Tempotag, er kann relativ viele kleine Trainingsfehler machen, ohne dass er sofort durch Formschwäche oder Verletzung bestraft wird. Der M60er muss dagegen vor allem so trainieren, dass er möglichst gesund an die Startlinie kommt, sprich er muss dem Haupttrainingsziel B große Priorität einräumen.

Und auch hier gibt es Ausnahmekönner wie Bernd Juckel, der knallharte Intervall-Programme in seinem Trainingsplan durchgezogen hatte, der ihn dann zu der Form hochgeschaukelt hatte, die ihm den 100-km-M60-Weltrekord in 7:53:41 h ermöglichte. Es ist halt so, dass Weltrekorde immer von Ausnahme-Athleten gelaufen werden – für die große Mehrheit von uns sollte Bernds Programm im Detail besser keinen Vorbildcharakter haben. Vorbildlich dagegen ist es, sehr körpersensibel das individuell Mögliche mit den individuell optimierten Methoden aus sich rauszuholen.

Flankierende Maßnahmen zum Ultra-Training

Was bringt Alternativ-Training (z. B. Rad, Schwimmen, Skilanglaufen)?

Solche Alternativ-Einheiten bringen auf jeden Fall Abwechslung, aber keine Garantie für Leistungssteigerungen.

Alternativ-Training hat seine Berechtigung im Athletenleben nach meiner Meinung vor allem dann, wenn Du kein echtes Lauftraining durchziehen kannst. Z. B. weil Du Dich mit Verletzungen rumplagst, die durch mehr Lauf-km nicht wirklich besser, sondern eher schlechter werden. Da kann dann ein kürzerer oder längerer Radausflug mal ganz aufbauend (weil die kritischen Punkte entlastend) wirken. Oder wenn Du nach monatelangen Vorbereitungen Deinen großen Wettkampf hinter Dich gebracht hast und nun aber auch gar keine Lust hast, überhaupt zu laufen. Mit anderen Worten: Alternativ-Training ist besser als gar nichts, aber die Lauf-Form schaukelt man eindeutig nur durch Lauf-Training hoch.

Bis auf den entlastenden Effekt auf Deinen Laufapparat sehe ich übrigens für Ultraläufer auch meist keinen Vorteil in puncto Ausdauerfähigkeit: Du bist bereits dermaßen ausdauertrainiert, dass Dir ein paar Stunden Radfahren da auch keinen noch so kleinen zusätzlichen Effekt bringen.

Was ist mit Wandern/Gehen?

Das sind so elementar menschliche Fortbewegungsarten wie das Laufen und sie können daher eine gute Ergänzung des Laufprogramms sein.

Wenn wir mal das ganz normale Gehen zum Einkaufen, vom Bahnhof zur Arbeit etc. außen vor lassen, gibt es drei Spielarten, die für Ultraläufer einen kleinen positiven Effekt bringen können.

Regenerative Spaziergänge: Nach Wettkämpfen oder harten Tempoeinheiten sind ca. halbstündige Spaziergänge eine wirkungsvolle Methode, um ein sanftes Stretching der Bein-, Hüft-, Bauch- und Rückenmuskulatur zu erreichen. Wie ein Hundertjähriger anfangen und dann gegen Ende wieder zu einem Deinem echten Lebensalter angemessenen Gehen zurückfinden – das hilft Dir bei der Regeneration (ähnlich wie Stretching und Massage).

Gehen/Walken als auch beim Ultra-Wettkampf eingesetzte Fortbewegungstechnik: Wenn Du z. B. im 24-h-Lauf oder bei Ultratrails von vornherein planst, ein gewisses Pensum auch mittels Gehen zu bewältigen, solltest Du diese Technik auf jeden Fall trainieren. Bei meinem bisher letzten 24er hat sich gerächt, dass ich im Vergleich zu allen anderen Gehenden mit Abstand der Langsamste war. Hatte ich echt nicht trainiert. Mit anderen Worten: Bitte keinen Tipp von mir zu einer effizienten Gehtechnik erwarten …

Wandern: Ab so etwa 4 oder 5 Stunden reiner Gehzeit ist Wandern eine schön lange, super-moderate aerobe Bewegung. Wenn Du nach einer Wanderung eine kleine Laufeinheit draufsetzt, kann diese besonders wirksam sein. Ich habe beste Erfahrungen gemacht mit meiner jährlichen einwöchigen Frühjahrswanderung, bei der ich jeden zweiten Tag nach dem Wandern noch 8–12 km zum »Beine-Ausschlackern« gelaufen bin plus nach 3 Wandertagen, wenn meine Mitwanderer einen Ruhetag einlegen, einen langen Lauf von mehr als 30 km absolviert habe. Regelmäßig spüre ich ca. eine Woche nach Ende einer solchen Wander-/Lauf-Woche einen deutlichen Formschub.

Was bringt Ergänzungstraining (Stabilisation, Lungentraining etc.)?

Das bringt vermutlich mindestens indirekte, eher mittelfristige Effekte durch den besseren Schutz vor Verletzungen.

Die besten Turner sind ja längst nicht die besten Läufer; aber die besten Ultraläufer zeichnen sich dadurch aus, dass sie auch nach 80% der Wettkampfdauer noch stilistisch sauber und nicht in sich zusammengekrümmt über die Piste gleiten. Diese Fähigkeit hat sich Yannis Kouros, der 24-h-Weltrekordhalter, Spartathlon-Streckenrekordler etc. etc. angeblich durch gezielte Kräftigung seiner Oberkörper-Muskulatur erarbeitet. Ich glaube, dass man auch die Rumpfstabilität durch das lange Laufen selbst trainieren kann bzw. muss, dass aber gezielte Kraftgymnastik (die ja selten länger als eine knappe Stunde dauert) sozusagen die Grundlage für die Langausdauer auch der Rumpf-Muskulatur darstellt.

Auch deswegen (Grundlage!) solltest Du übrigens im Winter mehr Kraft-Training machen. Wenn dann die langen Läufe im Frühjahrs-Aufbau wieder länger werden, hilft Dir der stabile Rumpf dabei, nicht schon bei Deinen Trainingsläufen zusammenzusacken und Dir »haltungsbedingte Überlastungsschäden« einzufangen. Das ist der indirekte positive Effekt: Mit der richtigen Kraft an der richtigen Stelle kannst Du Dein Trainingsprogramm unbehelligt von solchen Wehwehchen durchziehen. Ich glaube, dass besonders ältere Läufer hier mehr investieren sollten.

Extra Lungentraining können sich Ultraläufer dagegen sparen: Der Gasaustausch in den Lungen ist bei uns in aller Regel kein leistungsbegrenzender Faktor, da wir unsere Wettkämpfe im komplett moderaten Bereich laufen. Lunge, wie auch Herz, Leber und Hormondrüsen werden ja beim normalen Laufen auch bereits trainiert, und das reicht normalerweise dicke. Ausnahmen sind z. B. Leute mit einer Lungenfunktionsstörung; bei ihnen könnte evtl. ein extra Lungen-Training helfen, schärfere Tempoeinheiten zur Verbesserung der Grundschnelligkeit überhaupt laufen zu können.

Sollte man Dehnübungen machen?

Ja, man sollte …

Ähnlich wie beim Krafttraining bin ich erst im höheren Laufalter darauf gekommen, dass Dehnen hilfreich ist, sich für die nächste Laufeinheit schneller wieder frisch zu fühlen. Und ähnlich wie Turner sind die gelenkigsten Yogis auch nicht die besten Läufer. Als Ultraläufer bist Du in puncto Gelenkigkeit vielen Couch Potatoes glatt unterlegen: Das ist ein Preis, den wir für unsere praktizierte Liebe zum langen Laufen zahlen. Regelmäßiges Dehnen der Laufmuskulatur etwa 1–2 Stunden nach dem Laufen dürfte aber eine gute Regenerations-unterstützende Maßnahme sein. Vielleicht merken jüngere Läufer das Knirschen der Knochen noch nicht so wie die Uhus unter uns und glauben, auch ohne Dehnen gut laufen zu können. Bei mir war es jedenfalls so: Bis 40, 45 Jahre habe ich kaum Stretching gemacht (»Keine Zeit für so'n Kram«), aber inzwischen glaube ich, dass Läufer jeden Lebensalters kleine Vorteile durch die routinemäßige Durchführung eines kleinen Dehnprogramms haben: kurzfristig schnellere Erholung und langfristig etwas mehr Schutz vor chronischen Überlastungsschäden.

Vor dem Laufen sollten Ultraläufer sich nicht dehnen, und besonders nicht vor einem Wettkampf, nur um etwas gegen die Start-Nervosität zu tun. Dagegen sind Beweglichkeitsübungen der Hüft-, Knie- und Fußgelenke (lockeres Kreisen auf der Stelle) vor dem Laufen hilfreicher, um die Gelenke schon mal vorzuschmieren. Ein paar Minuten Beweglichkeitsübungen helfen auch, die Restmüdigkeit des vorigen Laufs aus den Gelenken zu treiben.

Die Auswahl der Dehn- und Beweglichkeitsübungen kannst Du ruhig aus der allgemeinen Lauf- und Fitness-Literatur treffen oder Dich vom Physio Deines Vertrauens beraten lassen: wüsste nicht, dass es hier irgendwelche besondere Übungen für Ultras gibt. Wichtig ist, dass Du Dir ein passendes Programm zusammenstellst, nach dessen Absolvierung Du ein »Ahh, hat gut getan«-Gefühl hast, das Programm jederzeit auswendig abwickeln kannst und auch – einmal angefangen – relativ gerne komplett durchziehst. Was für das Laufen gilt, gilt auch für's Dehnen: Wenn es eine Qual für Dich ist und Du Dich jedes Mal zwingen musst, Dich zu dehnen, lass es lieber und suche Dir alternative Regenerations-Unterstützer.

Fördert Ultralaufen die Verletzungsanfälligkeit?

Im Durchschnitt schon.

Ultraläufer absolvieren ja in der Regel mehr Lauf-km und in jedem Fall mehr Wettkampf-km als andere Läufer. Und in einigen Studien wurde belegt, dass ab etwa 60 Wochen-km die Verletzungsanfälligkeit von Läufern sprunghaft ansteigt. Das sind rein statistische Weisheiten, d. h. im Einzelfall kann der ausschließlich Tempo bolzende Heißsporn, der nur auf 50 km die Woche und weniger kommt, viel häufiger durch Achilles- oder Muskelzerrungs-Episoden auf Eis gelegt sein als die besonnen laufende Ultraläuferin mit einem Jahrespensum von über 4000 km. Es kömmt eben immer drauf an …

Erhöhte Verletzungsanfälligkeit heißt ja nicht, dass Du zwangsläufig häufiger verletzt sein musst. Du kannst trotz der Anfälligkeit mit ein wenig Glück unbehelligt durchkommen, aber Du solltest schon lieber aktiv vorbeugend was dagegen tun, Dich zu verletzen.

Ich glaube, dass man besonders bei eher langfristigen Verletzungs-Arten wie Fersensporn, Läuferknie oder chronischen Achillessehnen-Beschwerden sehr gut vorbeugende Maßnahmen treffen kann – und umgekehrt durch unangemessenes Verhalten diese Verletzungen herausfordert. Verletzungs-fördernd sind zu viele Wettkämpfe, zu dicht hintereinander folgende harte Laufbelastungen, zu wenig Erholung/zu viel Stress etc. Vorbeugende Maßnahmen sind die Vermeidung dieser Auslöser und bestimmte Kräftigungs- und Dehnungsübungen Deiner neuralgischen Punkte.

Akute Verletzungen hängen dagegen eher mit Glück und Pech zusammen. Aber man kann sein Glück auch schon auf eine harte Probe stellen, z. B. wenn man zwei harte Laufeinheiten direkt aufeinander folgend absolviert. Wenn Du Dir einen Muskelfaserriss zuziehst, weil Du mit noch recht wackligen Beinen vom Vortags-Intervall-Training bei Deinem Langen kurz vor Schluss unkoordiniert in ein Schlagloch stolperst und nicht mehr elastisch genug reagieren kannst, ja dann glaubst Du mir vielleicht eher, dass das Hauptziel B jedes Trainings (verletzungsfrei bleiben) ein sehr wichtiges ist.

Wenn wir anerkennen, dass wir Ultras per größerem Pensum auch eine erhöhte Verletzungsanfälligkeit haben, ist das schon ein erster Schritt dazu, sich keine Verletzungen einzufangen. Und wenn Dich eine Verletzung ereilt, wirst Du daraus lernen können, Dir diese Verletzung nicht noch ein weiteres Mal einzuhandeln. Versuche anhand Deines Trainingstagebuchs etc. zu ergründen, wie es zu dieser Verletzung kam, was vielleicht die Verletzung schlimmer gemacht hat und nach welcher Zeit oder welchen Maßnahmen die Geschichte wieder besser wurde. So hast Du zwar keine Garantie, aber eine bessere Chance auf Verletzungs-Freiheit, und ziemlich nützliche Erfahrungswerte, um bei einem erneuten Auftreten der Verletzung geeignet zu reagieren.

Wie soll man sich bei kleineren Verletzungspausen verhalten?

Kleinere Verletzungsepisoden gehören für mich zum Laufen dazu.

Es wäre wunderbar, überhaupt nie verletzt zu sein, aber das ist unrealistisch bei den vielen Fallen, in die man tappen kann. Also entspann Dich: Mal für ein paar Tage außer Gefecht gesetzt zu werden, ist nur akut in der Situation unschön, aber schon nach einem Jahr eigentlich völlig unbedeutend, so lange nicht ein bleibender Schaden gesetzt wurde.

Meist ist es klüger, eine kleinere Verletzung durch eine komplette Laufpause von 2–5 Tagen möglichst schnell auszukurieren als krampfhaft zu versuchen, die Vorgaben des Trainingsplans getreulich einzuhalten. Es gilt der Grundsatz, der oben bei anderen Zwangspausen bereits erwähnt wurde: 4–5 Tage Laufpause kannst Du nämlich glatt ignorieren, wegen des »Raddampfer flussabwärts«-Effekts. Und selbst wenn Du hier eine kritische Einheit verpasst, ist es in der Regel viel besser, eine kleine Delle im Formaufbau zu akzeptieren als mit Laufversuchen die Situation zu verschlimmbessern und in eine wochenlange Malaise reinzulaufen.

Wie verhalte ich mich nach längeren Verletzungsunterbrechungen?

Hoffentlich klüger als vorher …

Hast Du eine Woche oder länger aussetzen müssen, musst Du erst vorsichtig wieder Fuß fassen. Im Gegensatz zu »Kurz-Langstreckenläufern« haben wir Ultras jedoch ein paar Vorteile. Die Ausdauerfähigkeit geht nicht so schnell verloren wie die Schnelligkeit, und wenn wir nach der Pause zunächst nur wochenlang auch nur im gemütlichen Tempo unterwegs sind, trainieren wir ja bereits das Wichtigste zum erfolgreichen Ultralaufen. Tempoeinheiten würde ich in den ersten 3 Wochen nach einer verletzungsbedingten Zwangspause gar nicht machen, sondern erst wieder, wenn auch der erste Lange von 35–40 km wieder schmerzfrei (vorher, während und hinterher!) gelaufen ist.

Und natürlich würde ich während der lauffreien Zwangspause auf Alternativen wie Rad und/oder Schwimmen ausweichen, an Kraft- und Dehnungsgymnastik-Programmen feilen, um für den Wiedereinstieg nicht komplett untrainiert und abgeschlafft zu sein.

Für Zwangspausen wegen grippaler und anderer Infekte gilt Ähnliches.

Was kann man durch geeignete Ernährung im Alltag gewinnen?

Ich glaube ehrlich gesagt: nicht viel.

Beim Thema Ernährung begibt man sich ja sofort in ein Gebiet, bei dem auch viele Nicht-Läufer ein ausgesprochen tiefes aber oft nur durch oberflächliche Illustrierten-Artikel etc. abgedecktes Interesse haben. Diese Diskussion mit Lauf-Laien z. B. über die Schädlichkeit von Kohlenhydraten sollten wir echt nicht führen – mit unserem Trainingspensum haben wir einen Kalorienbedarf, der zunächst einmal gedeckt werden muss, damit wir uns nicht das eigene Muskeleiweiß wegverdauen. Und da ist es zweitrangig, ob es mehr oder weniger Kohlenhydrate, Fette oder Eiweiße sind. Ich glaube, kurzfristig kommen wir mit jeder Art von prozentualer Verteilung von den drei Hauptbestandteilen unserer Nahrung zurecht, Hauptsache es schmeckt uns und wir werden satt. Langfristig sind die Folgen von zu viel (tierischem) Eiweiß oder sogenannten gesättigten Fetten mit erhöhtem Gicht- bzw. Gefäßerkrankungsrisiko bekannt, wenn sich auch die Experten nicht völlig einig sind.

Was nun die Ernährungstipps für Ausdauersportler angeht: Manche Aspekte sind praktisch-pragmatisch umsetzbar und nachvollziehbar. Z. B. dass man vor einer scharfen Trainingseinheit oder gar einem Wettkampf eine Mahlzeit isst, die nur leicht verdauliche Bestandteile enthält. Oder dass Du Dinge weglässt, die bei Dir Blähungen verursachen. Hier hat ja wohl jeder von uns schon ein- bis mehrschlägige Erfahrungen gemacht, wenn man sich nicht an diese einfachen Regeln gehalten hat.

Und mal etwas ketzerisch zu den speziellen Diäten wie low-carb, Saltin-Diät vor dem Marathon/Triathlon, train low – compete high usw.: Sie nähern sich einem komplizierten Thema etwas zu naiv. Hier wird fest geglaubt, was ich oben reinschütte, kommt genau überall dahin, wo ich es brauche. Wie z.B. „Gummibärchen sind gut für die Gelenke“. Noch ketzerischer: Sie verkörpern die Illusion, dass man für und gegen alles nur das richtige Kraut, die richtige Pille, den richtigen Saft etc. einnehmen muss.

Unser Körper ist trotz aller wissenschaftlichen Fortschritte ein insgesamt noch längst nicht verstandenes komplexes Gebilde von allen möglichen Bestandteilen, die untereinander in noch weniger verstandener Wechselwirkung stehen. Wenn ich etwas esse, wird im Verdauungsprozess das meiste in kleine Bausteine zerlegt über die Blutbahn durch den ganzen Körper gespült. Ein sehr komplexes Netzwerk von chemischen Botenstoffen, elektrischen Signalen und weiß der Henker sorgt dafür, dass z. B. das Gehirn bevorzugt mit Zucker beliefert wird. O.k., wenn die Muskelzellen nach Brennstoffen schreien, geht eben auch viel dahin (und auch deswegen wird man beim Laufen – aber z. B. auch Gewichte-Stemmen – kurzzeitig doof).

Ich bin in meinen knapp 30 Jahren Ultralaufen durch eine mehrjährige strikt vegetarische Phase gegangen; aus praktischen Gründen musste ich mich dann doch ab und zu mit Fleisch arrangieren. Ich habe ehrlich gesagt nie das Gefühl gehabt, dass mir eine bestimmte Diät oder gar Vorwettkampfspeise irgendeinen Vorteil beim Laufen gebracht hat. Als Läufer ist man doch sensibel genug in der Beobachtung seiner Körperfunktionen, dass man nicht auf völlig ungesunde Sachen dauerhaft abfährt. Und es ist sicherlich einer der kleinen Vorteile im Alltagsleben von uns Ultras, dass wir die sogenannten kleinen Ernährungs-Sünden ohne Reue und Fettansatz wegmetern können, wenn wir uns nur schön lange bewegen.

Kann man sich als Ultraläufer völlig chaotisch/ungesund ernähren?

Man kann, aber das kann dann auch an der Ultralauffähigkeit nagen.

Den Ernährungsempfehlungen für die allgemeine Bevölkerung brauchen wir keine besondere Beachtung schenken; aber ich kenne auch umgekehrt keinen Ultra, der/die sich länger als einen Tag hintereinander mit Junkfood abspeisen lässt. Wir haben schon ein ganz gutes Körperbewusstsein entwickelt und achten bewusst oder meinetwegen auch nur nebenbei darauf, vitamin- und mineralstoffreiche Lebensmittel ausreichend zu konsumieren.

So wie im Wettkampf manchmal ein Heißhunger auf eine ganz bestimmte Speise aufkommt, suchen wir uns im Ernährungsalltag dann auch Dinge, mit denen wir unser läuferisches Gesamtkunstwerk intakt halten.

Wie steht es mit Nahrungsergänzungsmitteln, können die was bringen?

Vielleicht bringen bestimmte Mineralsubstitutionen was, weil wir übermäßig viel davon durch Schwitzen verlieren. Bei allen anderen Mitteln (Vitamine, Carnitin etc.) bin ich doppelt skeptisch.

Schon während des Laufens getrunkenes Wasser sollte ja mindestens ein wenig Kochsalz enthalten; bei hohen Schweißverlusten könnte auch die gelegentliche Einnahme von Magnesium helfen, dieses sog. Makro-Ion auf Normalniveau zu halten/heben. Magnesium lieber erst nach dem Lauf einnehmen, da es sonst einen durchschlagenden Erfolg, aber von der Sorte »Schuss nach hinten losgegangen« haben kann. Dann muss natürlich ein Eisenmangelzustand durch entsprechende Präparate bekämpft werden; oft reicht hier aber die orale Einnahme von Säften/Tabletten (also Nahrungsergänzung) gar nicht aus. Alle anderen Salze/Mineralien nehmen wir genügend über einigermaßen gesunde Nahrung zu uns.

Genauso holen wir uns Vitamine und sonstige Wundermittel, die uns angepriesen werden, über eine halbwegs ausgewogene Mischkost. Für solche Präparate wird ja oft damit geworben, dass es »kein Doping« ist. Stimmt, wenn die Abfüllmaschinerie oder der Tablettierungsautomat frei war von irgendwelchen Testosteron-, Clenbutanol- oder anderen Dopingmittel-Spuren. Wenn nicht, hat man das Evi-Sachenbacher-Problem: Obwohl man sich keiner Schuld bewusst ist, können einem Dopingmittel im Blut nachgewiesen werden – und Dopingmittel haben übrigens immer Wirkungen und NEBENWIRKUNGEN. Hier gilt die klare Empfehlung, nur ganz bestimmte Fabrikate (»Kölner Liste«) zu wählen, wenn es um Nahrungsergänzungsmittel geht.

Naja, und ich bin auch skeptisch gegenüber Nahrungsergänzungsmitteln, weil man sich durch die Einnahme ja doch eine bessere Leistung erhofft als ohne Einnahme. Krass ausgedrückt: Das ist schon die geistige Haltung von Dopern. Doper versuchen mit der Zufuhr von illegalen Substanzen Leistung zu verbessern; Nahrungsergänzungsmittel sind so betrachtet legale Substanzen zur Leistungsverbesserung.

Der Übergang von legal zu illegal ist hier allerdings mehr oder weniger willkürlich. Z. B. haben sich die Höchstgrenzen für Koffein in den letzten zwanzig Jahren mehrfach geändert. Oder man denke an Meldonium und das große PR-Drama um Tennisprofi Maria Scharapowa.

Wie groß ist der Einfluss der Psyche im Ultralaufen?

Ziemlich groß.

Hier Prozentsätze zu nennen, ist aber Biertheken-Niveau: Es gibt keine vom übrigen Körper völlig abgetrennte geistige Komponente, deren Einfluss auf die Ultraleistung man objektiv messen könnte. Wir sind ein läuferisches Gesamtkunstwerk (sagte ich das eigentlich schon mal?). Das heißt, dass sich die einzelnen Funktionen (grob eingeteilt: die Beine, der Bauch, der Kopf) während des Laufens gar nicht sauber voneinander trennen lassen. Vor allem nicht, wenn man erst mal 5, 6 Stunden unterwegs ist. Alles hängt miteinander zusammen und beeinflusst sich gegenseitig. Du kannst nicht, weil Du ein tolles Mentaltraining mit einem charismatischen Coach durchziehst, auf das normale Lauftraining verzichten oder ein etwas weniger intensives Training durchziehen – denn ein starker Kopf auf einem schwachen Körper heißt im Wettkampf: Du kannst (und musst) Dich länger quälen; Spaß macht es nicht und eine gute Leistung (die Deinen Gesamt-Fähigkeiten angemessen ist) kommt auch nicht dabei heraus.

Deswegen sind Aussagen wie »Einen Ultra läufst Du zu x% mit den Beinen und zu y% mit dem Kopf« oder »Der Kopf gibt zuerst auf« eigentlich Quatsch, zumindest nicht nachprüfbar. Trotzdem, weil so schön plakativ, illustrieren sie, dass beim Ultralaufen die mentale Komponente in der Tat sehr bedeutend ist. Wenn man nicht glaubt, wie klein, schwach und jammervoll man sich nach 70 oder 120 km fühlen kann, dann hat man einen wichtigen Punkt in der Vorbereitung auf einen Wettkampf nicht beachtet, auf den man sich jedoch geistig einstellen kann. Die mentale Vorwegnahme von bestimmten Situationen zum Zweck der besseren Bewältigung im Wettkampf ist für mich Mentaltraining im engeren Sinne.

Welche Gemütslagen beeinflussen die Ultralaufleistung?

Jeder Ultraläufer kennt den starken Einfluss der aktuellen subjektiven Befindlichkeit auf die Laufleistung.

Der Wettkampf ist lang genug, dass Du Dich in ganzen Wechselbädern von Gefühlsschwankungen tummeln kannst, von Starteuphorie oder -skepsis über Zuversicht und Selbstvertrauen hin zu fundamentalen Zweifeln und Angst, massiven Unlustgefühlen und Selbstmitleid, Selbst- oder Fremd-Aggression und dann hoffentlich wieder Gelassenheit und Optimismus bis hin zur Schluss-Euphorie, die Dich dann idealerweise noch deutlich vor der Ziellinie abholt …

Wenn Du in einem Krisen-Loch steckst (weil Du Dich schwach und ausgepumpt und überhaupt nicht mehr zuversichtlich fühlst), kann z. B. der Anblick einer Dir näher kommenden Rückseite eines Leidensgenossen binnen weniger zig Sekunden Dir scheinbar wieder neue Kräfte verleihen. Die Kräfte hattest Du noch, hast aber einfach nicht mehr daran geglaubt. Vielleicht steckt dahinter eine Spielart der Aggression oder noch spezifischer des guten alten Jagdinstinkts. Auch ein Zuruf vom Streckenrand »Mensch, Du bist Achter und nur noch 3 Minuten hinter XY« kann mit einem Schlag alle Selbstzweifel wegfegen und Deine Beine werden leichter. Oder wenn Du merkst, dass die warme Brühe vom Verpflegungsposten so langsam in der Blutbahn und schließlich im Gehirnkasten angekommen ist, geht es Dir ziemlich kurzfristig wieder besser und Dein Laufen fühlt sich wieder viel flüssiger an.

Euphorische Gefühle machen Dich in jeder Rennphase schneller (z. B. wenn Du am belebten Verpflegungstisch vorbeiläufst oder an Deinen Freunden, die Dich vom Streckenrand anfeuern). Oft ist diese Euphorie-Beschleunigung für den Wettkampferfolg leider ungünstig.

Euphorie auf den letzten 20% eines Ultra-Wettkamps aber ist eine so starke positive Selbsterfahrung, dass man die Leute im Ziel erst wieder ganz vorsichtig von ihrer Wolke abseilen muss. Da läuft nun wirklich alles wie von selbst. Florian Neuschwander hat sich bei der 100-km-WM 2015 auf den letzten 20 km in eine Schluss-Euphorie reingelaufen, die ihresgleichen sucht. Ergebnis: Noch 20 Plätze (von 29 auf 9) in der versammelten Weltelite gut gemacht und mit Abstand die schnellste Schlussrunde von 10 km von allen Athleten gelaufen. Eine Schluss-Euphorie in milderer Form verhilft den meisten Teilnehmern von 24-h-Läufen in den letzten 10, 20 Minuten noch einmal zu ein paar wieder sehr flott gelaufenen Kilometern; vorher sind sie z. T. stundenlang nur noch gewandert…

Sind die besten Ultraläufer mental einfach besser drauf als der große Rest?

Das würde ich so nicht sagen.

Die Abhängigkeit der momentanen Laufleistung von äußeren Reizen auf die eigenen Denkmuster trifft auch die absoluten Spitzenathleten, egal wie erfahren und abgebrüht. Bei seinem WM-Sieg über 24 h 2015 in Turin ging Florian Reus einige Stunden lang durch massive Selbstzweifel. Trotz aggressiverer Renntaktik als gewöhnlich lag er nach 10 und 12 Stunden auf Position 4, nach 14 Stunden satte 8 km hinter dem führenden Yoshikazu Hara auf Platz 2, und dieser Rückstand, die von dem Führenden ausgestrahlte Souveränität, sowie eigene kleinere muskuläre Probleme waren für Florian so niederschmetternd, dass er mehrfach äußerte, dass er wohl keine Chance auf den WM-Titel hat und dieses Ziel *aufgeben* wird. Sein mentales Ringen mit sich selbst wurde kurze Zeit später stark verändert, als er den guten Yoshikazu im japanischen Verpflegungsbereich sitzen sah. Und eine halbe Stunde später, nachdem er den 8-km-Rückstand komplett aufgeholt hatte, lief er mit einer ganz anderen Körperspannung und dem Ausruf »Jetzt hol ich mir das Ding!« an unserem Stand vorbei. Das Rennen gegen Yoshikazu war eine knappe Stunde später gelaufen, aber da gab es noch andere Leute, die mit einer vorsichtigeren Renntaktik in den letzten Stunden schneller als Flo unterwegs waren. 2, 3 Stunden vor Schluss bekam es Flo dann tatsächlich noch einmal mit der Angst zu tun und verbrachte vorübergehend mehr Zeit an unserem Betreuungsstand (»Oh, die anderen sind so viel schneller … reicht es überhaupt noch … ich kann nicht mehr kontern«). Florian Reus ist ein Paradebeispiel dafür, dass alle Ultraläufer durch die gleichen Höhen und Tiefen gehen, dass es aber in der Konsequenz auf das Wettkampf-Ergebnis anscheinend erfolgreichere und weniger erfolgreiche Arten des Umgangs mit solchen Gemütsverfassungen gibt.

Wofür genau braucht man als Ultra im Wettkampf eigentlich mentale Stärke?

Um mit Gefühlslagen besser und schneller fertig zu werden, die die Laufleistung schmälern. Das sind vor allem Anfangs- bzw. vorzeitige Euphorie und Niedergeschlagenheit/Verlust des Selbstvertrauens.

Euphorie ist schnell abgehakt: Nur die Start-Euphorie oder die verfrühte Euphorie ist hier von Belang. Du wirst mir sicherlich beipflichten, dass das bewusste Einbremsen in einer Situation, wo man das Gefühl hat, schneller laufen zu können, die wesentlich leichtere Übung ist als in einer Krise, wo Du Dich schwach und elend fühlst, wieder das Tempo anzuziehen oder auch nur, überhaupt wieder anfangen zu laufen. Also bremse Dich ein, da verbrauchst Du nur wenig mentale Energie und schonst Deine körperlichen Reserven für die wirklich schwierigen Phasen.

Die vielbeschworenen Krisen in Ultraläufen können durch ganz unterschiedliche Ereignisse ausgelöst werden. Oft ist es die sinkende Laufgeschwindigkeit, die man trotz Gegenwehr nicht auf dem vorherigen Niveau halten kann. Eine Unterart davon ist, dass man deutlich langsamer ist als die errechnete Geschwindigkeit zum Erreichen des Zeit- bzw. km-Ziels, also eigentlich das Schwinden der Möglichkeit zur Erreichung des Wettkampfziels. Auch die gefühlte Unmöglichkeit, eine angestrebte Platzierung in diesem Wettkampf noch erreichen zu können, kann zu einer Abwärtsspirale des läuferischen Gesamtkunstwerks führen. Oft sind es aber auch unbekannte körperliche Empfindungen, dunkel gefärbter Urin oder sonstige Abweichungen von der körperlichen Normalität, die einen Ultraläufer in lähmende Angstzustände versetzen können.

Verallgemeinert könnte man sagen, dass sämtliche negativen Abweichungen vom vorher bewusst geplanten oder unbewusst erwarteten Verlauf des Wettkampfs inkl. der eigenen Körpersignale den Ultrawettkämpfer in Krisen führen können. Und hier die Flinte nicht gleich ins Korn zu werfen, sondern teilweise mehrere Stunden der akuten Frustration und den Versagensängsten die Stirn zu bieten, ist die mentale Stärke, die Du als Ultraläufer brauchst.

Kann/soll man Krisensituationen im Training simulieren?

Ich bin felsenfest davon überzeugt, dass die größte Portion Mentaltraining während der Trainingsläufe auf einen Ultrawettbewerb hin absolviert wird. Aber nicht bewusst herbeigeführt, sondern so praktisch nebenbei.

Regelrecht provozieren würde ich mögliche Krisensituationen im Training dagegen nicht. Wenn sie im Training auftreten: gut, das musst und kannst Du akzeptieren und Du wirst auch dadurch lernen. Es ist halt passiert, dass Dir übel wurde und Du eine Zeitlang Schwindelgefühle hattest. Und dann ging es nach einer

Weile dann doch wieder besser. Aber bitte nicht von vornherein einen solchen körperlichen Zustand im Training anstreben oder simulieren. Auch wenn Du es wirklich wissen willst beim Ultralaufen: Die ganze Geschichte sollte Dir schon Freude bereiten; zu viele erlebte negative Situationen dabei rauben auch dem Coolsten aller Coolen irgendwann die Motivation. Und außerdem dürfte es eine Illusion sein, durch das Erleben einer Krise im Training gegen eine ähnliche Krise im Wettkampf gefeit zu sein. Es gibt halt sehr, sehr viele Kleinigkeiten, die Dich beim Wettkampf in Krisen stürzen können – und wenn Du meinst, jetzt hast Du aber die wichtigsten 5 Krisenspielarten durchgestanden und bist immun gegen solche Dinge, wird Dein nächster Wettkampf Dich vielleicht schon eines Besseren belehren.

Immer daran denken: Neben dem bewussten Training Deines bewussten Gehirns lernt auch Dein innerer Schweinehund mit …

Was hältst Du von der häufig propagierten Zielabstufung A (Optimal), B (Real), C (Minimal)?

Ein Ersatzziel kann Dir helfen, ein Ultrarennen ganz ordentlich zu finishen, wenn das eigentliche Ziel unrealistisch geworden ist. Also ABC-Ziele zu haben, ist erst mal gar nicht so schlecht.

In der Vorbereitung auf ein Rennen solltest Du Dich aber auf ein einziges Ziel konzentrieren: DEIN ZIEL, das Du für Dich als realisierbar ansiehst (aber wegen aller möglichen Dinge, die schief gehen können, niemals öffentlich ausposaunen würdest …). Nichts motiviert bekanntlich stärker als selbst gesteckte Ziele, die noch so gerade im Bereich der eigenen Möglichkeiten gesehen werden.

Ein ordentliches Finish ist allerdings eine nicht zu verachtende Errungenschaft in Deinem Läuferleben, und deswegen solltest Du auch ein (quantifiziertes) Ersatzziel B haben (wahrscheinlich das, was Du vor dem Lauf öffentlich zugibst…). Du hast bei einem »ordentlichen Finish«, obwohl Du viel höhere Erwartungen an den Ausgang des Rennens hattest, nicht einfach aufgesteckt und ein objektives Negativ-Erlebnis zu verdauen, sondern Du hast ein Ergebnis erzielt, um das Dich immer noch eine große Zahl von Läufern beneidet. Und da jeder Ultra weiß, dass in solch langen Rennen einiges aber auch komplett verkehrt laufen kann, wirst Du umgekehrt wenig Häme abbekommen. Aber für Dich noch viel wichtiger: Du hast jede Menge Ultra-Erfahrung dazu gewonnen (»Ist der Lauf nicht Dein Freund, so ist er Dein Lehrer …«) und Deine nächste Zielsetzung wird, mit einem Demutsfaktor abgemildert, Dir vielleicht zu einem richtig klasse Resultat verhelfen.

Für DEIN ZIEL und ein schwächeres Ersatzziel würde ich schon konkrete Zeiten (bzw. km-Vorgaben) wählen, für das Minimalziel C bei einem Ultrarennen nicht. Meistens sollte es Dein Minimalziel sein, überhaupt zu finishen. Auch mit einer vor sich selbst grottenschlechten Leistung kann man noch von einem beendeten Wettkampf lernen, das ist auch wahr. Aber nicht immer ist es vernünftig, ein DNF (did not finish) um alles in der Welt vermeiden zu wollen. Oft ist es bei Ultraläufen wesentlich vernünftiger, das folgende Minimalziel zu haben: In der Lage sein, künftige Ultraläufe mit Freude und Leistungsstärke zu absolvieren. Sogar aus einem DNF kannst Du noch wertvolle Erkenntnisse für Deine nächsten Ultraläufe gewinnen; vor allem aber wirst Du noch weitere Ultraläufe machen können, wenn Du aufgibst, bevor Du Dich auf Jahre kaputt läufst …

Eine aufkommende Infektion, von der Du am Start noch nichts gemerkt hast, kann Dich nach 15 Stunden im Rennen ein- und so runterholen, dass es falsches Heldentum wäre, hier dagegen halten zu wollen. Einen Ischiasschmerz, der schon zwischen 40 und 50 km keinen sauberen Schritt der betroffenen Seite mehr zulässt, noch weitere 50, 60 km erleiden zu müssen, ist eine Selbstkasteiung, die einfach nur dumm ist. Diese zwei Beispiele zeigen aber auch, wie schwierig es sein kann, zwischen handfesten Gründen, ein Rennen aufzugeben, und eher mentaler Schwächelei zu unterscheiden.

Kann ich das ganze Thema Mentaltraining nicht einfach mit meinem normalen Lauftraining erschlagen?

Kannst Du schon, aber dann versäumst Du halt ein paar Möglichkeiten zur besseren Bewältigung von Ultrastrecken.

Natürlich bringen Dir normale Trainingsläufe immer auch einen Anteil Mental-Training, da Du ja Deinen Kopf/Dein Bauchgefühl nicht zu Hause lässt, sondern mit auf die Laufstrecke nimmst. Eine gut platzierte und gut durchgezogene Trainingseinheit hat nicht nur einen physiologischen Effekt (sprich trainiert Deinen Körper), sondern hinterlässt auch psychologisch positive Spuren.

Umgekehrt (s. Fragen in den Kapiteln »Ultra-Training – Die Bausteine ...« ab S. 41 und »Besonderheiten ...« ab S. 74 zur Geschwindigkeit bei den langen Einheiten) kannst Du mit einer ungeschickten Trainingsdurchführung Dein Gehirn so programmieren, dass es – jedenfalls der unbewusste Teil davon – sich im Wettkampf als großer Blockierer aufspielt. Der häufig gehörte Satz »Diese Einheit brauchte ich für meinen Kopf« spricht ein zweischneidiges Schwert an: Einerseits kannst Du mit bestimmten Trainingseinheiten, durch die Du Dich hindurchquälst, ein besseres läuferisches Selbst*bewusstsein* erreichen, andererseits kannst Du damit genau die *unbewussten* mentalen Verteidigungsmechanismen stärken, die Dich im Wettkampf ganz gewaltig ausbremsen. Im geistigen Armdrücken zwischen bewusstem Willen und unbewussten Widerwillen gewinnt sehr oft der »Innere Schweinehund«, und je schwächer Du körperlich wirst, desto leichteres Spiel hat er gegen Deinen bewussten Willen.

Welche weiteren Formen von Mental-Training kann man machen?

Visualisieren, Planen und Analysieren.

Der Klassiker unter den Mentaltechniken ist das Visualisieren. Du kannst Dir vor Deinem geistigen Auge vorstellen, wie Du Dich zwischen all den anderen Pappnasen an den Start stellst, wie Du das Rennen angehst, Du kannst die gesamte Laufstrecke mental ablaufen (genaue Kenntnis der Strecke ist hier hilfreich …). Du kannst Dich auch auf hypothetische Rennsituationen einstellen, sowohl was Dein eigenes Körperempfinden angeht als auch das Verhalten Deiner Konkurrenten. Du stellst Dir vor, wie die Sonne die Temperaturen nach oben treibt oder es sich am Abend abkühlt. Du durchlebst geistig einen fetten Regenschauer, der alle auf die Knochen durchnässt. Du spielst den Ablauf an der Verpflegungsstation durch und bereitest Dich mental auf Gedrängel und Hektik dort vor. Den gloriosen Zieleinlauf zu visualisieren, halte ich dagegen für eine kindliche Selbstverliebtheit, die Dir für einen tatsächlichen harten Wettkampf mental überhaupt nichts bringt – wichtiger sind alle 95% des Wettkampfes davor, dann kannst Du real äußerlich oder innerlich jubelnd die Ziellinie queren, das geht dann wie von selbst.

Zum Visualisieren gehört in gewisser Weise auch Deine Vorbereitung auf Krisen dazu. Wenn Du mit Krisen als unerwünschte Nebenwirkung des Ultralaufens rechnest und akzeptierst, dass Du im Wettkampf in ein solch tiefes schwarzes Loch fallen kannst, hast Du schon einen wichtigen Schritt mentaler Vorbereitung getan. Dann nämlich ist die Krise im Wettkampf potentiell nicht mehr ganz so bedrohlich und hindert Dich nicht daran, eine immer noch gute Leistung zu zeigen, als wenn Du superoptimistisch die Möglichkeit von Krisen für Dich ausschließt. Natürlich ist es angenehm, wenn keine Krise kommt, aber wenn doch eine kommt, ist der Superoptimist im Rennen am Boden zerstört und es geht gar nichts mehr.

Auch wenn Du Dir in einer ruhigen Minute ein Checklisten-Programm für Laufstil und Körperfunktionen erstellst und das auf 2, 3 Trainingsläufen einübst, kann das eine hilfreiche Fähigkeit sein, um gegen die Monotonie oder die Versuchung, doch jetzt mal ein wenig schneller zu laufen, anzudenken. Die Ausformulierung einer Boxenstrategie, also für Dein Verhalten an und nach der Verpflegungsstation, ist ja auch eine vorbereitende Mental-Übung. Das Befolgen Deiner Boxenstrategie oder Abweichungen davon zu registrieren kannst Du ebenfalls im normalen Training einüben.

Als hohe Schule der mentalen Vorbereitung sehe ich Techniken der positiven Selbstbestärkung und Auto-Suggestion an. Für mich definitiv »zu hohe Schule«, denn bewusst habe ich solche Sachen nicht eingesetzt. Dagegen habe ich immer bestimmte Rituale verfolgt – auch weil ich weiß, dass man während eines Ultralaufs auch wieder ganz infantil werden kann – die natürlich objektiv ein Schmarren sind, mir aber eine zusätzliche Sicherheit »per Aberglauben« gegeben haben. So war ich eine ganze Zeitlang überzeugt, dass ich meine besten Laufergebnisse immer an Tagen kurz vor Vollmond erziele – muss wohl einen Werwolf in der Familie gehabt haben …

Neben den normalen Trainingsläufen, die ja immer auch einen Anteil Mental-Training bringen, da Du ja Deinen Kopf/Dein Bauchgefühl nicht zu Hause lässt, sondern mit auf die Laufstrecke nimmst, bietet auch die bewusst durchgeführte Planung Deiner Wettkämpfe (und sogar des Trainings/wann mache ich was warum) Dir quasi nebenbei wirksames Mental-Training: Es stärkt Dein läuferisches Selbstvertrauen ungemein, wenn Deine Pläne aufgehen!

Ähnlich kann auch die sorgfältige Rückschau auf einen Wettkampf oder auf eine ganze Saison Dir nicht nur Anhaltspunkte für künftige Verbesserungen liefern, sondern Dich für den nächsten Wettkampf oder die nächste Saison mental fitter machen.

Überhaupt: Erfahrung kann die wichtigste Komponente Deiner mentalen Stärke werden. Dazu musst Du Dir allerdings schon die Mühe machen, Dein Verhalten, Deine Gefühlslagen und deren Auswirkungen auf das Teil- oder Gesamtergebnis während der verschiedenen Wettkämpfe zu reflektieren. Es reicht halt nicht, einfach nur viele Rennen zu absolvieren. Wer viele Rennen sammelt, aber das Feld der potentiellen (Selbst-)Erkenntnisse einfach unbeackert lässt, darf dann für sich reklamieren: »Früher war ich jung und unerfahren, jetzt bin ich alt und unerfahren.«

Ultra-Kalender – Jahresplanung für Wettkämpfe, Aufbauwettkämpfe und Regenerationsphasen

Wie stellt man einen Jahresplan auf?

Man sucht sich zwei, drei Rennen heraus, in denen man eine möglichst gute Leistung erzielen will.

Entweder sind damit die Höhepunkte des Jahres bereits komplett, oder man hält sich noch für die zweite Jahreshälfte bedeckt; dann sucht man nur ein, zwei Rennen für das erste Halbjahr.

Diese qualitativen Ziele ergänzt Du noch um eine realistisch-ambitionierte Finish-Zeit (oder km-Leistung bei Zeitläufen) und einen Grob-Trainingsplan. Im Grobplan musst Du folgende Blöcke im Jahreskalender unterbringen:

- Grundlagen = Tempoblock (meist in den Wintermonaten, 4–8 Wochen),
- Spezialvorbereitung auf den wichtigsten Wettkampf des 1. Halbjahres inklusive Tapering-Phase von 2–3 Wochen (insgesamt 10–16 Wochen),
- Zwischen-Regenerationsphase (1–4 Wochen) und
- Spezial-Vorbereitung auf den 2. Hauptwettkampf des Jahres (wieder 10–16 Wochen), schließlich noch die ausgiebige
- Regeneration vor Jahresende (mindestens 3 Wochen).

Dieser Grobplan ist Dein Gerüst, in das Du dann nach und nach Aufbau- oder weniger wichtige Wettkämpfe sowie vor allem Deinen persönlichen Jahreskalender (Urlaub, Dienstreisen, Familienfeiern und andere Termine) einfügen kannst, bevor du dann den detaillierten Trainingsplan mit den einzelnen Einheiten pro Woche etc. aufstellst.

Warum sollte man den Jahresplan immer auf die persönlichen Umstände anpassen?

Innerhalb von 2 oder 3 Monaten passieren Dir garantiert so viele unvorhergesehene Dinge, die Dich daran hindern, Deinen Trainingsplan zu 100% zu erfüllen, dass Du die vorhersehbaren Besonderheiten gleich von vornherein berücksichtigen solltest.

Es ist absolut ätzend, wenn Du an dem Tag der geplanten großen letzten langen Einheit für mehr als 10 Stunden in einem Flugzeug eingepfercht sitzen musst. Wenn solche Dienstreisen bereits Monate vorher bekannt sind, plane entsprechend das Training elastisch drum herum. Bring Deine Familie nicht unnötig gegen Dich auf, wenn Du im Vorfeld der Konfirmationsfeier alle Mithilfe unter Verweis auf Deinen Trainingsplan minimierst.

Manche Läufer gehen so weit, dass sie nicht zuerst ihre Hauptwettkämpfe raussuchen, sondern zuerst die wichtigen familiären und beruflichen Pflöcke einschlagen, um dann nach einem geeigneten Termin/Zeitblock für die Spezialvorbereitung zu suchen und die Hauptwettkämpfe sozusagen Privatsphären-optimiert raussuchen. Geht natürlich nur, wenn Du keine Meisterschaften etc. läufst, denn da musst Du am gesetzten Termin laufen.

Wie viele Ultraläufe kann man pro Jahr absolvieren?

0 bis ca. 100.

Bei Etappenläufen wie dem Transeuropalauf werden ja schon fast 70 Etappen jeweils eine Ultradistanz, Tag für Tag, ohne Ruhetag hintereinander weg gelaufen. Das können einige wenige Leute schaffen, die sich auch entsprechend in den Monaten davor vorbereitet haben, u. a. mit Trainingsläufen deutlich weiter als Marathon. Deswegen oben die »100«.

Dann gibt es noch die Vielstarter, die durchaus auf 20–25 Ultrawettkämpfe pro Jahr kommen, also im Schnitt jedes zweite Wochenende einen Ultra machen. Bei diesen Spezialisten ist es so, dass sie sich in diese Fähigkeit »hineingelaufen« haben und sie praktisch gar kein eigentliches Ultra-*Training* durchführen, sondern alle ihre Läufe von mehr als 25–30 km Länge im Rahmen eines Wettkampfs absolvieren.

Man kann also durchaus eine stattliche Zahl von Ultrawettkämpfen bestreiten.

Das wird aber längst nicht allen gelingen, die Ultras laufen. Die Regeneration von einem 100-km-Lauf kann 10 Tage bis 4 Wochen und mehr dauern, je nach Rennverlauf und körperlicher Verfassung vor dem Rennen. Wenn Du also z. B. 10 Tage nach Deinem super gelaufenen 100er noch mal einen flotten 50er draufpacken möchtest, gehst Du ein hohes Risiko, dass Du Dich in Grund und Boden läufst (»Übertraining«). Selbst ein kurzes Rennen ist nicht anzuraten, denn Du bist noch müde und garantiert langsamer als z. B. eine Woche vor Deinem 100er. Anders ausgedrückt: Zu dicht auf einen Ultralauf einen weiteren Wettkampf zu versuchen, heißt höchstes Risiko, sich in einen Übertrainings-Zustand hineinzumanövrieren.

Wie viele auf Top-Leistung gelaufene Ultrawettkämpfe sollte man pro Jahr maximal laufen?

Sehr wenige.

Wenn Du in einem Ultrarennen ernsthaft versuchst, die für Dich aktuell mögliche Höchstleistung auch auf die Piste zu bringen, musst Du unmittelbar danach ein paar Tage bis Wochen eine relative Laufpause machen. »Relative« Pause, weil Du kürzere Läufe noch bzw. schon wieder machen kannst, aber Dein Laufpensum drastisch gegenüber den Trainingswochen vor dem

Wettkampf absenken musst. Ansonsten Übertraining → Verletzungen → Läuferhölle.

Ich habe in manchen Jahren bis zu acht Ultrawettkämpfe in meiner Statistik stehen, davon waren aber jeweils maximal nur drei oder vier von der Sorte »voll gelaufen«; die weiteren drei bis vier Wettkämpfe habe ich als harte Trainingseinheiten *von vornherein geplant* eben nicht auf Anschlag gelaufen.

Warum soll man nicht versuchen, das ganze Jahr über in Top-Form zu sein?

Weil der Mensch ein Rhythmus-Tier ist.

Nicht ganz so extrem wie der Bär, der sich im Herbst Winterspeck anfrisst und dann erst mal für ein paar Monate in seine Höhle schlafen geht, aber doch mit deutlich unterschiedlichen Aktivitäts-und Leistungsfähigkeits-Potential pro Jahreszeit (= Saison). Der Rhythmus der Jahreszeiten spiegelt sich bei uns Menschen in vielen körperlichen und mentalen Aspekten wider, und es ist meiner Meinung nach nicht nur völlig natürlich und okay, dass auch wir Ultraläufer im Winter etwas schlapper und im Sommer etwas spritziger sind, sondern es ist geradezu schädlich, gegen solche Schwankungen angehen zu wollen.

Man muss ja nicht gleich so extrem Winterspeck ansetzen wie es Jan Ullrich zu seinen besten Zeiten getan hat. Und generell würde ich empfehlen, dass Ältere etwas weniger Schwankungen als Jüngere einplanen (mein Wochenpensum schwankte zu meinen besten Zeiten zwischen 25–30 km und 160 km die Woche; jetzt geht es eher so zwischen 35–40 und 120 km die Woche mit weniger Ausschlag nach unten und oben). Denn jüngere Ultraläufer können sich doch etwas schneller wieder aus einem Formtief zu guter bis Top-Form herantrainieren, während Ältere sich da nur vergleichsweise zäh wieder aus dem Loch rausrobben können.

Viele Ultras bereiten sich durch zunehmend längere/ anspruchsvollere Aufbauwettkämpfe auf ihren Hauptwettkampf vor – was ist dabei zu beachten?

Aufbauwettkämpfe im strengen Wortsinn sind gar nicht möglich.

Entweder Du baust Deine körperliche und mentale Fitness mit geeignetem Training auf oder Du machst einen Wettkampf – da verbrauchst Du nicht nur akut Energie, sondern nagst auch für Tage bis Wochen an dieser Fitness. Aufbau = Training, Wettkampf = Ernte des Trainings. Nach einem Wettkampf wachsen auch wieder ein paar Früchte nach, aber erst mal hast Du abgeerntet.

Diese kategorische Sichtweise wird in der Praxis dadurch gemildert, dass man einen Wettkampf tatsächlich nur als Trainingseinheit laufen kann, bei optimaler Versorgung und nettem Miteinander etc., statt mutterseelenallein durch die Pampa zu stolpern. Auch ich habe das ja praktiziert. Dafür musst Du aber eine gewisse Sturheit mitbringen und Dich nicht zu einem Wettkampf = zu frühem Abernten Deines Trainingserfolges verführen lassen. Bei sogenannten Aufbauwettkämpfen ist es also ziemlich wichtig, sich von vornherein auf mögliche verführerische Situationen einzustellen, z. B. dass man mit nur wenig Beschleunigung doch noch auf's Treppchen laufen kann, dass man sich vor zufällig anwesenden Lauffreunden oder Verwandten nicht unter Wert präsentieren will, usw. usw.: Wer hier nicht cool und stur seine Trainingseinheit trotz der Außenreize wie vorher geplant durchzieht, läuft Gefahr, den eigentlichen Zielwettkampf vorwegzunehmen und das mit großem Einsatz vorbereitete Superergebnis am Tage X einem Naja-Resultat im Aufbaurennen zu opfern.

Richtig gelaufen kann ein Aufbauwettkampf neben dem dort absolvierten km-Pensum noch weitere positive Effekte haben: Du übst ein, in einer Wettkampfatmosphäre mit Startnummer am Körper gelassen Dein vorher zurechtgelegtes (langsames) Tempo über einen längeren Zeitraum einfach einzuhalten. Und fühlst Dich im Ziel viel frischer und stärker als Deine ausgepumpten Mitläufer.

Welche Vorbereitungswettkämpfe soll man vor einem 100-km-Rennen absolvieren?

Möglichst wenige. Mal ein Blick über den Tellerrand zum großen Pfannkuchen-Wettessen: »Komisch, vorhin bei der Probe hat er noch locker 18 Stück hintereinander verputzt, und jetzt schwächelt er schon nach sechs …«

Nur die allergrößten Stoiker bleiben nämlich in einer Wettkampfsituation total cool – der große Rest von uns wird doch in der Startphase oder kurz vor dem Ziel ziemlich Adrenalin-geflutet und wir lassen dann eine bessere 100-km-Zeit nach optimalem Training wegen der sog. Aufbauwettkämpfe liegen. Denn dort wird dann doch schneller gerannt als vorher geplant – und dann ist die folgende Trainingswoche für den 100er wegen fehlender Regeneration schon halb im Eimer. Bio-logisch gesehen lässt man also von Wettkämpfen in der unmittelbaren Vorwettkampfphase 4–6 Wochen vor dem Ziel-Ultra besser die Finger.

Andererseits können aber vernünftig gelaufene Aufbauwettkämpfe ein mentaler Booster für den Hauptwettkampf sein. Wie immer gilt es, individuell abzuwägen. Notorische Schnellstarter sollten auf keinen Fall längere Rennen als Halbmarathon in den letzten 4 Wochen vor dem Wettkampf absolvieren, aber verunsicherte Kandidaten können durchaus von einem geglückten längeren Vor-wettkampf profitieren.

Z. B. ein 6-h-Lauf 3 Wochen vor dem 100-km-Wettkampf kann für schnelle Läufer noch die lange Einheit für den letzten Schliff werden, aber den darfst Du dann auf keinen Fall volle Pulle laufen, sondern musst ihn aus dem vollen Training heraus laufen. Beispiel: Läufer mit Zielzeit 7:30 h über 100 km.

RICHTIG: Ein mit einer Leistung von 7:30 im 100-km-Rennen 3 Wochen später verträgliches Vorgehen wäre hier, 5 Stunden lang im 5er-Schnitt zu laufen, und dann nach 60 gemütlich abgespulten km in der letzten Stunde deutlich zu beschleunigen (um bei rund 74 km zu landen). Das wäre eine sehr wirksame Trainingseinheit, von der Du Dich auch viel schneller erholst, als wenn Du den 6-h-Lauf von Anfang an im 100-km-Renntempo läufst.

FALSCH: Alles im angestrebten 100-km-Renntempo zu laufen hätte neben der physischen Ermüdung eine vielleicht noch bedeutsamere mentale Konsequenz: Du zeigst Deinem Unterbewusstsein, nur 6 Stunden lang 100-km-Tempo laufen zu müssen und dann fertig zu sein. Wundere Dich nicht, wenn Du beim 100-km-Rennen nach 5 ½ Stunden in ein tiefes schwarzes Loch fällst (s. Kapitel »Ultra-Training – Die Bausteine…« ab S. 41 und »Besonderheiten …« ab S. 75).

RICHTIG: Es ist im Hinblick auf das 100-km-Rennen eine viel positivere Erfahrung, wenn Du Dich 5 Stunden lang in Geduld übst, im normalen langsamen Dauerlauftempo läufst und erst in der letzten Stunde leicht beschleunigst und damit, wenn alle anderen sehr müde sind, der Schnellste im Feld sein wirst. Weiterer ganz wichtiger Aspekt: Du darfst für einen solchen 6-h-Trainingslauf nicht tapern! FALSCH: Mit Tapering und 100-km-Renntempo über 6 Stunden mutiert der Aufbauwettkampf zum Formabbau-Wettkampf. Vielleicht erzielst Du sogar eine neue PB über die 6 h (weil Du ja schon praktisch in Höchstform bist) und baust ein dickes falsch-positives Selbstbewusstsein auf – aber genau das ist für ein optimales 100-km-Rennen 3 Wochen später kontraproduktiv.

Und wie steht es mit kürzeren Rennen?

Auch hier gilt: Der 10-km-Lauf 1 oder 2 Wochen vor dem 100-km-Rennen kann der letzte Schliff werden oder aber die mühsam erarbeitete Form beschädigen.

Der positive Effekt stellt sich eher ein, wenn Du (trotz Warmlaufens) das 10-km-Rennen wie ein echter Ultra angehst: Eher einen Tick zu langsam, ruhig und abwartend, Mitläufer und/oder Landschaft bewusst wahrnehmend, und erst auf den letzten 4–5 km vorsichtig Gas gibst, aber Dich nicht in einen echten Ziel-Sprint verwickeln lässt. Also: Eine schnellere zweite Hälfte im 10-km-Aufbauwettkampf ist schon ein ganz guter Hinweis darauf, dass Du diesen vernünftig gelaufen bist und Dir hoffentlich den letzten Schliff geholt hast.

Gibt es für den 24-h-Lauf andere Empfehlungen zu Aufbauwettkämpfen?

Ja und nein.

Ein Unterdistanzrennen von 10 km bis Halbmarathon macht hier überhaupt keinen Sinn: Du bist Langausdauer-trainiert und kannst deswegen aktuell überhaupt nicht schnell laufen – relativ zu Deinem Tempovermögen zu Beginn der Spezialvorbereitung auf den 24er. Ein 10-km-Lauf würde Dich bestenfalls nur frustrieren und schlimmstenfalls mit einer Verletzung und/oder total ramponiertem Selbstbewusstsein »beglücken«.

Grundsätzlich kann aber auch hier ein längeres Aufbaurennen zu einem Formabbau oder Übertrainingszustand kurz vor dem Ziel-24er führen. Das Timing, wie lang oder kurz vor dem Ziel-24er, als auch vor allem die Laufgeschwindigkeit in den ersten 50–70% des Aufbaurennens sind hier sorgfältig zu wählen, sonst wird der 24er nix oder bestenfalls so lala.

Andererseits kannst Du mit einem konservativ angegangenen und durchgezogenen 6- oder sogar 12-h-Lauf bis 4 Wochen vor Deinem 24er noch wichtige Infos zur Rennplanung gewinnen, die mit anderen langen Einheiten in dieser Form nicht so leicht zu bekommen sind. Z. B. ein 12-h-Lauf durch die Nacht im St. Jakob-Park in Basel hat mir 5 Wochen vor dem Ziel-24er erstens die Zuversicht gegeben, dass ich gut durch die Nacht komme und zweitens gehörigen Respekt vor einer scheinbar leichten Durchschnittsgeschwindigkeit beim 24er eingeflößt. Angegangen war ich das 12-h-Rennen mit dem eisernen Vorsatz, auf keinen Fall schnellere Rundenzeiten als im 6:15er-Schnitt zu laufen (6:15er-Schnitt war damals für mich ca. 20% langsamer als mein Tempo auf den ruhigen 30–40-km-Läufen).

Ist es eher gut oder eher schlecht, ein erfolgreiches Trainingsprogramm in der nächsten Saison möglichst genau zu wiederholen?

Wenn Du es erst 1x durchgezogen hast, ja, unbedingt noch mal! Eine dritte Wiederholung könnte dagegen schon zu viel von dem Gleichen sein …

Erst einmal Glückwunsch, wenn Du Dir im Rückblick bescheinigen kannst, dass Du einem Trainingsprogramm gefolgt bist, das für Dich erfolgreich war: prima Wettkampf oder Wettkampfserie sowie keine größeren Wehwehchen. Wenn Dein Wettkampfziel für die nächste Saison wieder analog dieser erfolgreichen Saison ist, dann ist es für Dich sehr sinnvoll, auch ein analoges Training durchzuziehen. Wenn Du noch in der schönen Situation bist, dass Du realistisch eine Leistungssteigerung erwarten kannst, musst Du lediglich das Tempo der Einheiten »proportional« schneller ansetzen; die Lauf-km werden sich damit erhöhen. Aber bitte nicht bei den Langen, da kann und sollte alles so bleiben. Ob das so angepasste Training anschlägt, stellst Du mit Testläufen und kurz vor der Peaking-Phase anhand der oben beschriebenen Anzeichen fest.

Egal, ob Du Dir jetzt exakt das gleiche oder ein auf eine Leistungsverbesserung angepasstes Training absolvierst: Durch die (Quasi-)Wiederholung kannst Du viel besser als nach einer einmaligen Durchführung sagen, was Dir an dem Trainingsprogramm am besten nutzt, was Dir Spaß macht oder nicht und wo Du eher Zweifel hast, dass es Dir was bringt. Das können einzelne Laufeinheiten sein, aber auch die Abfolge von wöchentlichen Steigerungen des Pensums mit relativen Ausruh-Wochen, oder die Ballung von harten Einheiten. Und diese Reflektion kann Dich dann in der übernächsten Saison zu einem für Dich weiter optimierten Programm führen, das doch in einigen Punkten anders ist.

Selbst wenn Du zum Schluss kommen solltest: »Passt genau, mach ich noch ein drittes Mal exakt so«, ist Vorsicht geboten. Ein 100-km- und erst recht ein 24-h-Lauf sind auch für sehr gut Trainierte wahrlich kein Pappenstiel. Dein Körper bzw. Dein

Gehirn merkt sich diese Riesenanstrengung und alles, was davor und danach so los war, mit einem Elefanten-Gedächtnis sehr präzise. Und es kann Dir passieren, dass bei der 3. Wiederholung Deines erfolgreich erprobten Aufbauprogramms die geballte unbewusste Intelligenz Deines Körpers schon auf halber Strecke rebelliert. Das Muster des allmählichen Aufbaus der Wochen-km und der Länge des Langen kann die schlafenden (Schweine-) Hunde wecken: »Ach so, jetzt will er uns bald wieder durch diese Ultra-Wettkampf-Hölle schleifen, aber nicht mit uns ...« – und plötzlich reagiert Dein Körper negativ auf die zweimal so positiven Belastungsreize, Du fühlst Dich müde und unmotiviert wie ein unechter Ultra. Deswegen solltest Du Deinen Trainingsaufbau auch nach erfolgreicher zweimaliger Durchführung ändern, um die bewusste und vor allem auch unbewusste Aversion gegen zu viel Wiederholung zu kontern.

Also: 1x Wiederholen ist prima, um Deinen für Dich optimalen Plan oder auch nur Planelemente deutlicher herauszukriegen; ab der 2. Wiederholung wird es nicht mehr besser.

Nachdem Du verschiedenste Ultrastrecken ausprobiert hast und nun Deine Leistungen mal gezielter steigern möchtest, wie kannst Du Dir motivierende Ziele setzen und läuferische Zufriedenheit erzielen?

Du solltest vor allem reflektieren, was Dir an den bisherigen Ultras Freude gemacht hat, wo Du selber glaubst, Fehler gemacht zu haben und daraus dann mögliche Schwerpunkte für die kommende Saison rauszudestillieren. Und zwar möglichst nur zwei Ultrarennen raussuchen, bei denen Du eine Topleistung erzielen willst.

Du musst bei der Analyse der bisherigen Wettkämpfe Dir gegenüber absolut ehrlich sein. In die Tasche lügen führt hier nur zu künftigen Enttäuschungen. Also frag Dich, ob Dir längere oder kürzere Läufe, auf Straßenbelag oder auf Trails, ob eher sportlich wertvolle oder erlebnisreiche Rennen mehr langanhaltende Befriedigung gegeben haben. Versuch auch Dein relatives Abschneiden (z. B. anhand der Punktetabelle des DUV-Cups, s. DUV-Homepage) zu beurteilen, dann hast Du Dir ein vorläufiges persönliches Ultra-Profil erstellt. Das kann sehr scharf konturiert sein (»mindestens 100 km, vorher ist mir alles viel zu schnell/zu hektisch«) oder noch recht unausgeprägt »Also eigentlich hat mir alles ganz gut gefallen, und ich war auch überall einigermaßen gleich gut«.

Im Falle der scharf konturierten Profile suchst Du Dir eben zwei Hauptwettkämpfe, die Deinen offensichtlichen Neigungen und Talenten am besten entsprechen.

Bist Du jemand ohne scharf gezacktes Ultraprofil, hast Du die freie Wahl. So kannst Du den ersten Saisonhöhepunkt z. B. mit einem 6-h- oder 50-km-Straßenlauf wählen und als zweiten Dir einen schönen langen Trail aussuchen. Und nach der nächsten Saison natürlich wieder reflektieren, was eher gut und eher schlecht war etc. Du wirst sicher bald Deine Vorlieben gefunden haben, und dann kommen auch befriedigende Lauferlebnisse und/oder -resultate mit höherer Wahrscheinlichkeit zustande.

Was ist von einer freiwilligen Ultrapause von einem kompletten Jahr oder mehr zu halten?

Viel!

Wenn die Pause wirklich freiwillig eingelegt wird, kannst Du Dir mal ein, zwei Jahre andere Sachen vornehmen, die Du auch wegen der Ultralauferei bewusst zurückgestellt hast. Deiner Ultralaufkarriere wird es nicht schaden, wenn Dein Wiedereinstieg nach der guten alten Devise »Organisch, sich entwickeln lassen und keinerlei Hau-Ruck« abläuft.

Schon bei verletzungsbedingten Zwangspausen erlebt man bei einigen Wiedereinsteigern eine Leistungsentwicklung über das Niveau vor der Pause. Ultralaufen ist harte Arbeit, und diejenigen Körper- und Seelenbereiche, die nicht von der Verletzung direkt betroffen waren, erholen sich auch während einer Pause.

Eine Variante der freiwilligen Pause ist die Konzentration z. B. auf eine Verbesserung der Halbmarathon- oder Marathon-PB, wenn in einem Halbjahr aus diesem Grunde kein Ultra-Training und Ultrawettkampf eingeplant wird. Solche Halbjahres-Auszeiten können noch einmal Leistungsschübe bei Athleten bringen, die ihr z. B. 100-km-Potential ausgeschöpft zu haben scheinen, die aber nach einer erfolgreichen Verbesserung ihrer Marathon-PB plötzlich doch 20 min. oder mehr auf 100 km herausholen.

Eine andere Variante ist der Verzicht auf ambitionierte Wettkämpfe – also z. B. nur Teilnahme an Gruppenläufen ohne Zeitnahme oder aber in normalen Wettkämpfen von vornherein ganz hinten aufstellen und das ganz langsame Traben konsequent durchziehen. Das kann sehr nett sein, aber ist nur eine scheinbare Pause und der Wiedereinstieg in das ambitioniertere Ultralaufen fällt bei dieser »Scheinpause« nicht leicht. Viele Ultraläufer bleiben dann auf dieser sogenannten »Genusslauf«-Stufe – je nach innerer Einstellung kann das ja durchaus eine befriedigende Geschichte sein.

Aber eine freiwillige (oder mit Abstrichen auch unfreiwillige) echte Ultrapause ist in dieser Randsportart eine gute Möglichkeit für Dich, ganz andere für Dich wichtige Bereiche jenseits des Laufens in Deinem Leben mit mehr Zeitbudget zu versorgen und Dich dort weiter zu entwickeln. Das dürfte bei allen, die Dir lieb und wichtig sind inklusive Dir selbst, recht gut ankommen. Und bei Deiner Rückkehr in den Ultrazirkus wirst Du merken, dass Du mit noch mehr Freude und Aufmerksamkeit für das Laufen und Deine Laufkameraden ganz schnell wieder mittendrin bist.

Ultra-Wettkampf-Technik, -Taktik und -Logistik

Kann man für Ultrawettkämpfe ein Zeitziel für Distanz-Läufe oder ein km-Ziel für Stundenläufe aus Unterdistanzleistungen hochrechnen?

Ja.

Aber nur sehr individuell – eine allgemein akzeptierte Formel wie beim Marathon 4,66 x 10-km-Zeit gibt es nicht. Beim Marathon übrigens unterscheiden einige Pragmatiker auch bereits zwischen eher Ausdauer-Trainierten (dann Faktor <4,5) und Grundschnellen ohne komfortable Ausdauerdecke (dann Faktor >4,9). Bei Ultraläufen ist die Streuung noch größer, nicht nur absolut, sondern auch relativ. Beim Marathon ist der mittlere Faktor 4,66 auf den einzelnen Läufer bezogen 3% nach unten und 5% nach oben veränderlich. Bei Ultraläufen dürfte die relative Streuung um irgendwelche mittleren Faktoren deutlich höher liegen; eher bei 10% für die 100 km und vielleicht sogar 20% für den 24-h-Lauf. Bei derartig langen Ausdauerleistungen ist die individuelle Leistungsfähigkeit über Unterdistanzen halt nur ein Faktor. Eine Marathonzeit von 2:50 gelaufen zu sein, kann bei einem Athleten eine 100-km-Prognose von 7:40, beim nächsten nur noch von 8:20 bedeuten. Im 24-h-Lauf könnten wir Unterschiede im Leistungspotential zwischen 210 und 270 km erwarten.

Das Herumrechnen mit Faktoren gibt aber für Einsteiger immerhin einen Anhaltspunkt, auf welches Leistungsziel sie ihr Training ausrichten können. Der erste Ultra ist auch in dieser Hinsicht ein großes Abenteuer, weil der errechnete Wert ja nur ein Mittelwert mit sehr großer Streuung ist. Mit dem ersten absolvierten Ultra ist man dann aber schon einen Schritt näher an seinen individuellen Prognose-Faktoren. Und die streuen nur recht gering. Weitere Tipps für Novizen ein paar Fragen weiter unten.

Warum ist eine Abweichung in der prognostizierten Ultralauf-Zeit um weniger als 10% überhaupt relevant? Ist das nicht ein wenig theoretisch?

Nein, im Gegenteil hat gute Präzision bei der Vorhersage eine enorm praktische Bedeutung.

Außerdem, wenn man es tatsächlich geschafft hat, die vorhergesagte Leistung auch am Rennende auch ungefähr (z. B. mit weniger als 1% Abweichung!!!) erreicht zu haben, ist das für das nächste Rennen eine wertvolle mentale Stärkung.

Die Genauigkeit der prognostizierten Ultralauf-Leistung ist der entscheidende Faktor, ob Du ein Rennen gut oder wenigstens sehr ordentlich durchziehen kannst oder ob Du Dich nur noch als Jammerbild mit Mühe und Not ins Ziel rettest. Denn wenn Du in den ersten 10, 20% eines Ultralaufs um mehr als 10% schneller bist als Deine für diese prognostizierte Leistung angemessene Laufgeschwindigkeit, ist eine lange Leidenszeit und eine unterirdische Endleistung eingeleitet. Nach 1, 2 km kann man diese Katastrophe noch ohne größeren Schaden korrigierend vermeiden, hast Du aber erst mal 10 bis 15 km zu schnelles Laufen in den Beinen, wird Dir dieses vermeintliche Polster über die nächsten Stunden um die Ohren gehauen.

Solche Pacing-Irrtümer (aus glorioser Selbstüberschätzung) sind ja auch bei Unterdistanzrennen schmerzhaft, körperlich wie seelisch. Nur dauert es halt beim 10-km-Rennen meist weniger als eine Viertelstunde und selbst beim Marathon muss man sich meist nicht länger als eine Stunde über die Strecke quälen – bei 100-km-Rennen wird es rund 50 km lang dauern, bei 24-Stunden-Läufen erfordert ein Überpacen in den ersten Stunden eine radikale Korrektur der angestrebten km-Leistung während des Rennens, und da das nicht gerade eine leichte Übung ist (außer vielleicht man führt mit Riesenvorsprung), kommt es dann sehr oft zum kompletten Abbruch.

Bei 24-h-Läufen, besonders wenn man super trainiert und getapert an den Start geht, ist die Versuchung besonders groß, wesentlich schneller zu starten als es die Ultra-Polizei erlaubt. Man ist physisch stark und ausgeruht. In einer solchen Verfassung kann man tatsächlich das prognostizierte Durchschnittstempo leicht und locker um 20% überschreiten und das auch 6 oder 8 Stunden ohne irgendwelche Ermüdungszeichen gleichmäßig durchziehen. Es zeigt sich aber, dass bei den großen internationalen Meisterschaften ganz überwiegend diejenigen am Ende auf dem Treppchen stehen, die in keiner Phase des Rennens um mehr als 7 bis 8% vom Durchschnittstempo dieses ihres Laufs abgewichen sind.

Die oft benutzte Phrase »Für die mutige Renngestaltung nicht belohnt« ignoriert diese Erfahrungswerte. Es ist nicht mutig, zu schnell loszulaufen, sondern schlicht blöd bzw. übermütig. In fast allen Fällen müsste es korrekter »Für den Übermut schwer bezahlt« heißen. Der ausgefuchste Ultraläufer wünscht sich in einem Wettkampf (natürlich nur heimlich), dass es schön viele besonders »Mutige« gibt, die sie oder er nach 50% der Distanz so langsam aufsammelt.

Ist gleichmäßige Geschwindigkeit wirklich der Schlüssel zum Erfolg im Ultralauf?

Nein, es ist nicht das Tempo, sondern die gefühlte Anstrengung.

Bei einem flachen Kurs ohne lange Rücken-/Gegenwindpassagen ist ein gleichmäßiges Tempo ein Erfolgsgarant, aber es muss halt von Anfang an stimmen. Wenn man sich schon irrt, dann lieber in Richtung zu langsam. In diese Richtung hat man minimale Konkurrenz, denn fast alle irren sich mit einem viel zu hohen Anfangstempo – und das scheint für alle Leistungsstufen zu gelten. Viele Strecken sind aber nicht völlig flach bzw. phasenweise dem Wind ausgesetzt. Hier ist es tatsächlich wichtiger, dem Körpergefühl und nicht der Uhr zu folgen, um den Energieeinsatz möglichst konstant zu gestalten.

Spätestens beim Ultratrail versagen aber solch gut gemeinten Tipps; bei einigen Bergauf-Passagen ist ein gleichmäßiger Energieeinsatz schlicht nicht möglich, wenn man nicht wieder bergab rutschen will … Aber auch in diesem Laufsegment zeigt ein sorgfältiger Vergleich aller Splits, dass die meisten Top-Platzierungen durch eher gleichmäßiges Tempo herausgelaufen werden.

Und dann gibt es ja noch Ausnahmen, besonders auf den ganz langen Kanten. Ich kenne Läufer, die mit einer völlig unorthodoxen Renneinteilung und Pausentaktik es sehr weit gebracht haben. Wobei nicht klar ist, ob diese Ausnahmen bei Befolgung des Prinzips »möglichst gleichmäßige Anstrengung« noch besser abgeschnitten hätten. Ich habe den Verdacht, dass sie auch nach diesem Prinzip handeln, aber es zu »möglichst gleichmäßig *gefühlte* Anstrengung« abgewandelt haben. Was in der Praxis bedeuten kann: Schnell beginnen und dann ab einem gewissen Punkt nach und nach abbauen – um mehr als 30%.

Wie kommt man denn zu einer möglichst präzisen Vorhersage der aktuellen Laufleistung?

Durch quantifizierte Erfahrung.

Es kommt nicht auf die Nachkommastellen an, aber eine möglichst genaue Abschätzung der eigenen Leistungsfähigkeit ist die beste praktische wie mentale Unterstützung zur Erreichung der eigenen Ziele. Wenn Du weißt, was Du aufgrund von Leistungen auf Unterdistanzen im Zielwettkampf laufen kannst, kannst Du Dein Renntempo praktisch auf die Sekunde pro km festzurren und kannst auch sehr stark darauf vertrauen, dass das passt und Du die angepeilte Endzeit erreichen kannst. Was dann tatsächlich genau herauskommt, lässt sich vorher nicht berechnen – alle Berechnungen, die nun folgen, sind Prognosen des Leistungs*potentials* und damit der angemessenen Startgeschwindigkeit in den ersten ca. 50–70 % eines Ultrarennens.

Es hat sich bewährt, im Vorfeld (ca. 3 Wochen vorher) des Ziel-Ultras einen Testlauf (als Kampf gegen die Uhr oder – nicht so gut – in einem Wettkampf) über eine Distanz von etwa 10–18 km zu absolvieren. Der Quotient zwischen z. B. der 100-km-Zeit und dieser Testlauf-Zeit ist der Faktor, den Du für Dich individuell zum Hochrechnen Deiner künftigen Testlauf-Zeit auf die mögliche 100er-Zeit nutzen kannst. Noch besser ist es, über die letzten 3 Monate (d. h. über die Spezialvorbereitungs-Trainingsphase hinweg) drei solcher Testläufe zu machen – ruhig auf unterschiedlichen Strecken, aber künftig immer wieder in dieser Reihenfolge. Die einmal gewonnenen Faktoren kannst Du in den Folgejahren benutzen, um sozusagen noch feiner zu mitteln – ja sogar, um Dein Training weiter zu optimieren. Kein leistungsdiagnostischer Test im Labor kann mit einer solchen Präzision prognostizieren, was Du drauf hast, wie der kluge Gebrauch dieser Faktoren.

Kannst Du ein Beispiel geben?

Genau, Recht haste – viel zu theoretisch ohne praktisches Beispiel.

So habe ich meine Zeit auf einer ziemlich hügeligen ca. 12-km-Strecke als Testlauf 16–17 Tage vor dem Hauptwettkampf nicht nur zur Prognose meiner Marathonzeit, sondern auch der 100-km-Zeit erfolgreich herangezogen. Noch besser geht es natürlich mit einer Serie von Testläufen über unterschiedliche Distanzen – dann braucht man sich nicht nur auf einen einzelnen Punkt verlassen, sondern kann mitteln. Und sogar so etwas wie eine Prognosefehler-Abschätzung machen …

Ich bin so nach einer 46:45 im Testlauf im Anschluss meine Marathon-PB 2:38:36 gelaufen. Das ergab den Faktor (158,6 min/46,75 min =) 3,41. Weitere Testlauf/Marathon-Zeitenpaare waren z. B. 46:55 und 2:41:55, 47:10 und 2:43:12 – mit den errechneten Faktoren 3,45 bzw. 3,46. Das heißt, über mehrere Jahre ist dieser Prognosefaktor relativ stabil und präzise geblieben: Der Mittelwert ist 3,44, die größte Abweichung beträgt 0,03 und damit weniger als 1%!!! Bei meiner Marathon-PB hatte ich einfach einen Sahnetag erwischt, gut getapert etc. und gute Bedingungen gehabt; die beiden anderen Marathons war ich bei minus 5 Grad bzw. relativ windigem Wetter und nicht ganz einfachen Strecken gelaufen. Für einen nächsten Marathon konnte ich also meine aktuelle Testlaufzeit entweder mit 3,41 oder 3,46 multiplizieren, um eine optimistische oder realistische Zielzeit zu erhalten. 12 Jahre nach meiner Marathon-PB habe ich nach einer 49:24 im Testlauf Zielzeiten optimistisch von 2:48:27 und realistisch von 2:50:55 errechnet. Unter ziemlich guten Bedingungen hab ich dann am Morgen des Marathonrennens beschlossen, exakt einen 4er-Schnitt zu laufen und dann tatsächlich eine 2:48:48 in einem schön gleichmäßigen Rennen erzielt. Und nebenbei nochmals den persönlichen Faktor von 3,41–3,45 bestätigt.

Das Ganze funktionierte dann auch bei der Prognose der 100-km-Zeiten recht gut. Hier war der aus meinen ersten beiden Rennen errechnete Faktor 9,68 bzw. 9,79.

Allerdings hatte ich bei keinem meiner 100-km-Rennen einen echten Top-Tag erwischt und die Bedingungen oder Streckeneigenschaften waren auch nicht ganz ideal. In meinem ersten Rennen war ich einfach zu schnell unterwegs (3:34 vs 4:00 für die erste und zweite Hälfte), im zweiten gab es böigen Wind und praktisch 70 km Sololauf. Deswegen hatte ich die erreichbaren Zeiten bei besserem Rennverlauf oder besseren Bedingungen auf 7:30 bzw. 7:35 abgeschätzt; dann wären die Faktoren zwischen real gelaufener Teststreckenzeit und hypothetischer 100-km-Zeit 9,57 bzw. 9,69 gewesen.

Zugegeben, viel Zahlenspielerei – aber ich kenne keine verlässlichere Methode zur individuellen Leistungsprognose und damit auch Einjustierung der Startgeschwindigkeit für Strecken ab Marathon!

Wie kann ich als Ultra-Neuling eine realistische Zielleistung prognostizieren?

Du brauchst realistische Anhaltspunkte und Vergleichswerte.

Du kannst hier zum einen Tabellen bzw. generelle Faktoren nutzen, die für den Durchschnittsläufer gemacht wurden.

Das ist auch genau der Haken: Durchschnittsläufer. Aber immerhin hast Du einen Anhaltspunkt, und wenn Dir der Greif-Rechner oder der Lauftreff.de-Rechner eine 100-km-Zeit von 9:17 bzw. 9:32 vorhersagen (bei identischen Eingaben für Unterdistanzen von Dir), sagt Dir das: »Vertraue nie einer Statistik, die Du nicht selber ...« – bzw. »Vorsicht ist die Mutter der Porzellankiste«. Als Novize solltest Du in jedem Fall der langsamsten Prognose folgen – wenn Du dann im Rennen die Prognose pulverisierst, weil Du doch eine überdurchschnittliche Ausdauer hast (oder ein nicht ausgeschöpftes Tempopotential auf den Unterdistanzen) – was könnte Dir Besseres widerfahren?

Ganz anderes Verfahren: Du suchst Dir zwei, drei Ultraläufer, mit denen Du Deine Leistungen auf Unterdistanzen vergleichen kannst. Anstatt einer eigenen Ultra-Vorleistung suchst Du Dir also zwei, drei Vorleistungen anderer Läufer, die Du aber auf den Unterdistanzen läuferisch sehr gut einschätzen kannst. Dann kannst Du durch Quervergleiche recht genau berechnen, mit welcher möglichen Zeit Du über eine Ultradistanz planen solltest.

Ein Beispiel: Deine Lauffreundinnen Katja und Ute laufen in etwa gleiche Zeiten wie Du über Strecken bis Marathon. Katja läuft Halbmarathon gerade so um die 1:30 (und damit in Deiner Preisklasse), kann aber im Marathon sicher in 3:09 laufen. Sie hat auch bereits einen 100-km-Lauf in Biel in 9:48 gefinisht. Du hast dagegen über Marathon eine 3:11 stehen. Ute hat eine HM-Fähigkeit von 1:35 und ist im Marathon 3:14 gelaufen. In Biel hat sie aber mit einer 9:39 aufgetrumpft.

	HM-Zeit	42,2-Zeit	100-km-Zeit	Faktor Mara/HM	Faktor 100/Mara
Katja	1:30	3:09	9:48	2,10	3,11
Ute	1:35	3:14	9:39	2,04	2,98
Du	1:30	3:11	???	2,12	???

Nun kannst Du beispielsweise folgende Betrachtungen anstellen: Katja hat zwischen HM und Marathon den Faktor 2,10 (189/90), zwischen Marathon und 100 km Biel den Faktor 3,11. Die entsprechenden Werte bei Ute sind 2,04 und 2,98. Ute ist also im Marathon und über 100 km relativ schneller bzw. verliert weniger an Tempo als Katja, ist also mehr der Ausdauertyp. Du dagegen mit einem Faktor von 2,12 zwischen HM und Marathon bist anscheinend eher der grundschnelle Typ. (Ach ja, stimmt, über 10 km bist Du von Euch dreien der/die Schnellste …) Was kannst Du Dir als Zielzeit für einen ersten Versuch über 100 km in Biel vornehmen?

Katjas Faktor von 3,11 ist zu gut; Du verlierst ja schon von HM auf Marathon 2 min. gegenüber ihr. Aber wieviel bedeutet das auf 100 km? Die Hilfe kommt durch den Vergleich der Ute- und Katja-Faktoren: HM und Marathon 2,04 vs. 2,10 entspricht bei ihnen einem Marathon–100-km-Faktor von 2,98 vs. 3,11. D. h. ein Unterschied von 0,06 zwischen HM und Marathon entspricht einem Unterschied von 0,13 im Prognosefaktor zwischen Marathon und 100 km. Dein Faktor hat bei HM-Marathon eine Differenz von 0,08 (2,04 vs. 2,12) zu Utes, d. h. die Differenz sollte bei vielleicht 0,17 zum 100-km-Prognosefaktor sein. Statt Utes 2,98 dürfte Dein Faktor für 100 km zu Marathon eher bei 3,15 liegen. Das bedeutet konkret: Für Biel kannst Du danach eine 10:02 veranschlagen. Auf diese Zeit hin trainierst Du, auf diese Zeit hin gestaltest Du Dein erstes Ultra-Rennen. Eine sub10-h-Zeit solltest Du dann entweder mit einem langgezogenen Euphorie-Endspurt erlaufen oder Dir für Deinen zweiten 100er (und vielleicht besser auf einer flachen Strecke) vornehmen …

Ziemlich viel Rechnerei, aber es ist dreimal besser, anhand eines realen Anhaltspunktes ganz schön präzise abzuschätzen, was drin sein könnte, als zu grob zu schätzen und überoptimistisch mit unangemessen hoher Startgeschwindigkeit sich ins vorübergehende läuferische Unglück zu stürzen!

Um es noch mal glasklar zu sagen: Die Leistungsprognose soll Dir hauptsächlich dazu dienen, das passende Anfangstempo zu bestimmen. Wenn Du ohne Ultra-Erfahrung nur Deinem Körpergefühl folgst, rennst Du in der ersten Hälfte viel zu schnell und musst bitter dafür büßen.

Das gleiche Prognose-Prinzip kannst Du übrigens als bereits erfahrener Ultraläufer natürlich auch anwenden – entweder, um die Genauigkeit noch zu erhöhen, oder aber um z. B. vor Deinem ersten 24er abzuschätzen, welche Leistung denn für Dich drin sein könnte.

Hier muss ich allerdings einschränkend erwähnen, dass der 24-h-Lauf wirklich noch einmal eine andere Laufdisziplin ist, bei dem noch ganz andere Faktoren als Grundschnelligkeit und Lang-Tempoausdauer eine Rolle spielen. Sprich: Ein einfacher Dreisatz ist hier nun wirklich nicht mehr angebracht. Mittels der Statistikdatenbank der DUV wirst Du 24-h-Läufer finden, mit denen Du z. B. in 6-h- oder 50-km-Rennen zusammen gelaufen bist. Du hast hier 62 km bzw. 4:24 h geschafft; Deine ewigen Konkurrenten Alex (mit 61,5 und 4:27) und Jupp (mit 62,3 und 4:25) haben jedoch bereits je zwei 24er absolviert: Alex hatte dabei 186 und 202 km erzielt, Jupp war 197 und 189 km weit gekommen. Was kannst Du jetzt für Deinen ersten 24er als Zielsetzung realistisch annehmen? Du bist bis 6 h Laufzeit fast so gut wie der gute Jupp und ein wenig besser als Alex. Aber Alex hat es doch tatsächlich geschafft, die verdammte 200-km-Marke zu knacken. Einmal ja, einmal deutlich drunter. Wenn Du sonst nichts über Alex und Jupp weißt: Richte Dich nach Jupp, der hat nicht so eine große Streuung in seinen Resultaten. Sein Mittelwert von 193 km könnte für Dich eine vernünftige Marke sein, auf den Du Deinen 24-h-Rennplan aufbaust. Solltest Du dann einen echten Schokoladentag erwischen, ist der von mir empfohlene Rennplan (→ »Was ist Deine Empfehlung für einen 24-h-Rennplan?«, S. 144) flexibel genug, dass Du es auch über 200 km schaffen kannst.

Wie schnell ist denn die angemessene Startgeschwindigkeit?

Höchstens 2–3% schneller oder langsamer als das Durchschnittstempo, das sich aus der individuellen Leistungsprognose ergibt.

Diese Antwort ist natürlich bewusst etwas vage gehalten. Und auch nicht für alle möglichen Szenarien zutreffend. Ein Ultranovize (bzw. jemand mit Ultraerfahrung im Rücken, aber erstmals auf einer noch deutlich längeren bzw. anspruchsvolleren Strecke unterwegs) ist besser beraten, exakt mit der kalkulierten Durchschnittsgeschwindigkeit loszulaufen. Sollte dann nach ca. 80% der Wettkampfdistanz/-dauer das sehr seltene Gefühl vorhanden sein, dass man noch zulegen kann: Nur zu, das ist ein toll motivierendes Finale, man kann sich da wirklich in einen euphorischen Rausch laufen und eine sehr, sehr gute Endleistung realisieren (wie z. B. Florian Neuschwander bei seinem 100-km-Debüt 2015 bei der WM in Winschoten).

Je kürzer der Ultrawettbewerb, desto exakter sollte das vorgesagte Durchschnittstempo von Anfang an eingeschlagen werden. Je länger, desto mehr darf man sich anfangs auf der *langsameren* Seite bewegen. (s. auch → »Sollte man sich vor einem Ultrawettkampf warmlaufen?« S. 153). Und wenn es um Wettbewerbe jenseits von 12 h Lauflänge geht, erfordert dies noch einmal andere Betrachtungsweisen.

Ein zu langsamer Start ist kein echtes Pacing-Risiko. Die paar hundert Meter, die Du durch ein um 20 sec pro km zu langsames Tempo auf den ersten 2, 3 km des Rennens verlierst, sind in der Regel lächerlich gering gegenüber den Abständen, die Du im Ziel hinter und vor den Nachbar-Platzierten hast. Umgekehrt ist aber ein um 20 sec pro km zu schnelles Tempo auf den ersten 2, 3 km des Rennens bereits ein nicht mehr gut zu machender Fehler, der natürlich um so schlimmer wird, je länger Du Dich in dieser sich »wirklich locker« anfühlenden Geschwindigkeit bewegst. Die 1 oder 2 Minuten, die Du auf den ersten 5 km herausholst, werden Dir auf der grausamen zweiten Hälfte des Wettkampfs als Viertelstundenpakete um die Ohren gehauen.

Gibt es weitere Pacing-Risiken außer einem zu schnellen Start?

Na klar. Jeder Ultralauf ist ein Abenteuer, das nur bedingt kalkulierbar ist.

Es ist ja klar, dass die *berechnete Leistung und damit Renngeschwindigkeit eine Prognose* ist. Und alle Prognosen sind halt prinzipiell als Aussagen über die Zukunft ungewiss. Weiter geht die Prognose davon aus, dass alle Faktoren, die die Leistung beeinflussen (Wetter, Strecke, Gesundheitszustand und mentale Verfassung etc.) im »Normalzustand« vorliegen. Du kannst kleine Abweichungen vom Normalzustand nicht wirklich berechnen, sondern musst Dich am Tag X auf Dein Körpergefühl verlassen. Natürlich ist hier Erfahrung sehr hilfreich, zum Beispiel wie Dir höhere Temperaturen oder starker Wind bekommen, oder aber auch, wenn Du merkst, dass Deine Tagesform nicht ganz zum errechneten Lauftempo passt. Je früher Du hier den Umständen entsprechend korrigierst, desto besser. Aber Vorsicht beim Gefühl »Oh, heute aber ich aber mal richtig was drauf«:

Ich habe sehr oft beobachtet, und leider auch zwei Mal an mir, dass nach einer sehr disziplinierten Startphase nach etwa 2 h im Wettkampf auf einmal *»Das große Laufen«* beginnt. Es ist schon am Start schwierig, in Topform, gut getapert und voller Jagd-Hormone sich zurückzuhalten und nicht nach vorn zu preschen. Vielen Ultraläufern gelingt diese erste Disziplin-Übung aber recht gut, weil sie sich vor dem Wettkampf das langsame Starten ganz fest vorgenommen haben. Nun laufen sie in der ersten Stunde des Wettkampfs kontrolliert langsam und sehen, wie andere vor ihnen laufen, deren Geschwindigkeit sie locker halten oder auch übertreffen könnten. Das ertragen sie auch noch eine Stunde oder so; dann fühlen sie sich aber immer noch total stark, locker und stark unterfordert und fangen an, ganz vorsichtig zu beschleunigen. Gedanken wie »Na, anscheinend habe ich heute doch mehr drauf als gedacht« oder »Wenn ich merke, dass es zu schnell wird, nehme ich einfach wieder raus« gehen durch den Kopf. In der nächsten Stunde machen sie – immer noch locker – ein paar Plätze gut, beschleunigen aber dann in der viel zu frühen Euphorie auf ein komplett unangemessenes Renntempo. Und bevor es in die entscheidenden letzten 20% des Wettkampfs geht, sind sie durch ihr total unökonomisches Ultra-Intervall-Laufen so müde, dass der schöne Vorsprung auf den eigenen Zeitplan längst dahin ist und quälen sich dann mit bleiernen Beinen ins Ziel.

Dann gibt es den *temporären Übermut*: Das ganze Rennen läuft vorbildlich, bis auf einen lächerlich kurzen Zeitraum, der dann viel kaputt macht. Auch hier weiß ich, wovon ich rede: bei der 100-km-DM 1990 bin ich in meiner 6. Runde dem Führenden und späteren Sieger Charly Doll, der mich gerade überrundete, einfach gefolgt und hab für ein paar Kilometer einen Vierer-Schnitt angeschlagen, nachdem ich bis dahin sehr gleichmäßig im 4:24er Schnitt unterwegs war, »Nur, um mal zu sehen, wie sich ein Vierer-Schnitt nach 55, 60 km anfühlt«. Fühlte sich dann ab km 80 so an, als ob meine Beine verkehrt herum angeschraubt wären ... Oder bei der 6-h-DM 2015: Da bin ich 5½ Stunden mehr oder weniger auf Plan gelaufen; mein Plan war, in den letzten 20–30 min. noch eine kleine Temposteigerung zu machen. Plan war okay, Ausführung miserabel: Ich hab mich – wieder mal und noch dazu als inzwischen alter Idiot – von einem überholenden schnellen Hirsch verleiten lassen, mein Tempo ruckartig um 10% zu erhöhen, was dann nur ein paar hundert Meter später mit einem dicken Oberschenkelkrampf belohnt wurde und mir nebst Gehpassage und supervorsichtigem Krampf-Vermeidungstempo mindestens einen Kilometer gekostet hat.

Und jetzt mal zwei Pacing-Risiken, die in die Kategorie »zu langsam« fallen:

Da ist zunächst das *»zu lange Gehen«*. Manche Ultras wählen von vornherein eine Mischung von Lauf- und Geh-Abschnitten, besonders auf den längeren Strecken. Das ist eine adäquate Strategie, um einen Ultrawettkampf im Durchschnitt sehr gleichmäßig und stetig zu absolvieren. Besonders bei den Stundenläufen sieht man regelmäßig kurze Gehpassagen unmittelbar nach dem

Besuch der Verpflegungszone, da wird der Becher Iso ohne zu kleckern im Gehen getrunken, da wird das Schmalzbrot ohne Krümel in die Lunge zu bekommen im Gehen gekaut und geschluckt. Aber diese Gehpausen dauern oft unnötig lange – nach 30 m ist schon der verpflegungstechnische Teil erledigt, das Wiederanlaufen erfolgt jedoch erst nach 100 oder 200 m. Gut, nach mehr als sagen wir mal 16 Stunden ist ein Wiederanlaufen tatsächlich nicht mehr so einfach wie ein ganz normaler Start in einen Trainingslauf, aber wenn Du im Prinzip noch laufen kannst, verschenkst Du hier Meter oder Sekunden, und weil sich das dann alle 10 Minuten oder so wiederholt, kann sich das zu etlichen km im 24-h-Lauf oder Viertelstunden im 100-km-Lauf aufsummieren. Also lieber sich den Ruck gleich nach 30 m geben und nicht hinausschieben. Sehr schwere Übung, wenn nicht mental vorbereitet …

Ähnlich gelagert: *Unnötige Steh- und Sitzpausen*. Wie beim zu langen Gehen, bei dem nicht die Unfähigkeit, nicht mehr laufen zu können, sondern die Hemmschwelle des Wiederanlaufens die Ursache für die langsamere Stilart ist, wird gerade in der Verpflegungszone viel Zeit verplempert, obwohl man genauso gut langsam weiter laufen könnte. Je länger das Rennen, desto infantiler die Athleten: Hier am Verpflegungsstand sind orale Tröstungen in Hülle und Fülle vorhanden, es gibt nette Menschen, die einem gut zureden, es ist sozusagen das Paradies im Gegensatz zur Hölle der einsamen Laufrunde und je länger man dort rumsteht oder rumsitzt, umso lieber möchte man sich gleich hinlegen. Eine Sitzpause als bewusste Investition, frische Kleidung anzuziehen oder mal die Beine durchmassiert zu bekommen, ist dagegen in der Regel eine leistungsfördernde Maßnahme. Aber Stillstand auf der Strecke ohne echten Wettkampfgrund, sondern nur zur Befriedigung ganz infantiler Gelüste, ist ein Fehler der Temposteuerung, der noch etwas mehr Distanz oder Zeit kostet als die unnötig langen Gehpausen.

Was muss man beim Pacing für Rennen von mehr als 12 h Dauer berücksichtigen?

Geplante Pausen und den gestörten Biorhythmus.

Bei Läufen von 100 Meilen oder 24 h musst Du davon ausgehen, dass Du Dich mindestens 1x umziehen musst. Je nach Wetter/ Temperaturschwankung Tag/Nacht kann das noch viel öfter nötig werden. Du musst also nicht nur Deine Tasche entsprechend packen, sondern Dein Rennplan muss die Zeit für benötigte Pausen abschätzen. Je nachdem, wie erfahren, anspruchsvoll, stoisch, mimosenhaft oder sonst wie Du bist, darfst Du bei 24 h schon mal etwa eine ganze Stunde von Deiner Nettolaufzeit abziehen. Also wenn Du glaubst, einen 6er-Schnitt oder 10 km/h durchziehen zu können, dann läufst Du halt 230 statt der 240 km, die ganz ohne Pause drin wären.

Und die Durchschnittspace im 24-h-Lauf wird bei den allermeisten Läufern in der Nacht automatisch um 5–10% langsamer. Was auch mit der wegen schlechterer Sicht nun vorsichtigeren Laufweise zusammenhängt; der Hauptgrund dürfte aber sein, dass der Mensch nicht darauf programmiert ist, 24 h lang gleich leistungsbereit zu sein. Du wirst wahrscheinlich schon bei kürzeren Rennen festgestellt haben, dass Du eher mit frühen Starts am Morgen oder aber späten Starts am Nachmittag/Abend besser zurechtkommst. Beim 24-h-Lauf herrscht damit größtmögliche Gerechtigkeit den Morgenmuffeln oder Frühaufstehern gegenüber: Alle müssen einmal durch ihre biorhythmischen Hochs und Tiefs hindurch – nur eben zu unterschiedlichen Zeiten im Rennen … Deswegen solltest Du beim Pacing für einen 24er einen etwas größeren Spielraum bei den Rundenzeiten lassen. Du brauchst nicht bis auf 10 sec genau Runde für Runde abspulen bzw. wenn es Dir nicht mehr gelingt, brauchst Du darüber nicht in Panik auszubrechen. Das entschuldigt nicht einen viel zu schnellen Start, aber das erklärt, warum die meisten Athleten irgendwann in der Nacht oder am frühen Morgen eine Zeitlang langsamer werden und dann doch gegen Ende des Laufes noch einmal echt zulegen können.

Kann man im 24-h-Lauf auch mit längeren Pausen/ Gehen statt Laufen erfolgreich sein?

Na klar.

Bei meinem besten 24er habe ich mich 2x massieren lassen; vor der zweiten Massage habe ich sogar 5 Minuten warten müssen, bis ich an der Reihe war! Das waren sogar keine vorher eingeplanten Pausen, aber nach der ersten Massage hatte ich einen solchen mentalen Schub bekommen, dass ich 5 Stunden später das noch mal als lohnende Investition in meine Restlauffähigkeit in Kauf genommen habe.

In der absoluten Weltelite wird man mit längeren Pausen halt oft entscheidende Kilometer verlieren, aber für fast alle anderen kann sich eine »ultra-lohnende« Pause positiv auf die Wettkampfleistung auswirken. Und je höher die Altersklassen, desto erfolgreicher sind auch die Athleten, die sich von vornherein eine Mischung aus Gehen und Laufen auf die Fahnen geschrieben haben.

Diese bewusst geplante und durchgezogene Pausen- bzw. Geh/Lauf-Mischtaktik darf aber nicht mit den oben beschriebenen selbstmitleidigen Pacing-Fehlern verwechselt werden. Nach einem Rennen, in dem Du Deine geplante Mischtaktik durchziehen konntest, jubelst Du (hab ich noch nie an mir, aber hautnah an anderen erfahren). Nach einem Rennen, bei dem Du viel Zeit mit zu langen Pausen oder zu langem Gehen vertrödelt hast, wirst Du ganz bescheiden (hab ich schon mehrmals erlebt ...).

Welche Arten von Rennplänen gibt es für den 24-h-Lauf?

Im Endeffekt gibt es zwei Sorten Pläne: solche, die Du im Rennen auch nach 18 Stunden immer noch aktiv verwenden kannst und solche, die nur ein gewiefter Betreuer dann noch nutzen kann.

Es gibt Pläne, die gleichmäßig alle 4 oder 6 h eine bestimmte km- bzw. Rundenzahl veranschlagen; eine Unterart davon ist ein allmählich abnehmendes Pensum pro Zeitblock von mehreren Stunden. Kompliziertere Pläne kalkulieren mit stationären Pausen inkl. großer Umziehpausen und noch kompliziertere mit länger werdenden Gehpausen.

Je komplizierter der Plan, desto weniger praktikabel ist er für den unbetreuten Athleten. Aber auch mit einem Betreuer, der recht entspannt Runden-IST und -Plan jederzeit vergleichen kann, halte ich komplizierte Pläne für ungut. Als Athlet bist Du besser in der Lage, Deine aktuelle Leistung mit einem geplanten Zwischenergebnis selbständig zu vergleichen.

Ich empfehle die Selbst-Orientierung im Rennen an Rundenzeiten – wenn Du plus minus 15 sec im errechneten Soll bleibst, ist das sehr gut, ausreichend präzise und ein sehr schönes und recht häufig wiederkehrendes Zwischen-Erfolgserlebnis.

Was ist Deine Empfehlung für einen 24-h-Rennplan?

Eigentlich ganz einfach: Plane einen möglichst gleichmäßigen Rennverlauf mit etwas mehr km-Leistung in der ersten Hälfte.

Meine Empfehlung ist, in den ersten 12 h ca. 52%, in der zweiten Hälfte 48% des Zielpensums zu absolvieren. Also wenn Dein realistisches Ziel z. B. 200 km ist, wären das 104 plus 96 km.

Am wichtigsten ist nun aber, dass Du anhand dieser km-Leistungen entsprechende Rundenzeiten kalkulierst. Hier wird es etwas komplizierter; aber die folgenden Überlegungen stellst Du ja im Vorfeld des Rennens an. Du musst zunächst Deine Pausenzeiten abschätzen, also wieviel Zeit Du für Umziehen, Toiletten-Stopps, Massagen oder sonstige Aktivitäten ohne Vorwärtsleistung verbrauchst. Die verbleibende Nettolaufzeit (von etwa 23 h) verteilst Du gleichmäßig auf die beiden 12-h-Zeithälften. Dann kannst Du die durchschnittlichen Rundenzeiten berechnen. Diese Rundenzeiten für die 1. und 2. Hälfte sind schon Dein ganzer Plan im Rennen!

Ein solcher Plan steht im Einklang mit den Rennverläufen von erfolgreichen 24-h-Läufern bei Weltmeisterschaften, Rekordläufen etc. Eine echte »even split«-Renneinteilung gelingt beim

24-h-Rennen nur absoluten Ausnahmekönnern wie z. B. Patrick Hösl; ein Leistungsabfall von etwa 5–10% in der zweiten Hälfte ist »normal« bzw. sehr gut. Hatten z. B. alle 24-h-Weltmeister der letzten Jahre.

Ein solcher Plan erlaubt Dir aber, in der zweiten Hälfte doch etwas mehr km als die geplanten 48% zu laufen, wenn Du nämlich einen Tag erwischst, an dem alles stimmt. Wenn z. B. die tatsächlich benötigte Pausenzeit gegenüber der eingeplanten unterschritten wird, oder wenn Du wie Heike Bergmann beim WM-Rennen 2013 in Steenbergen in der Nacht einfach Runde für Runde schneller als geplant zurücklegen kannst.

Berechnungsbeispiel: Leistungsziel 200 km; 1. Hälfte 104 km, 2. Hälfte 96 km; 1 h Pause ohne Fortbewegung. Also Netto-Laufzeit 23 h oder 11,5 h = 690 min. pro Hälfte. Bedeutet, in der ersten Hälfte mit einer Pace von 690 min/104 km = 6:38 min/km und in der zweiten Hälfte mit 690 min/96 km = 7:11 min/km unterwegs zu sein. Diese Geschwindigkeiten mit der Rundenlänge von z. B. 1,4 km multipliziert ergeben die Rundenzeiten von 9:17 bzw. 10:02 für die 1. und 2. Hälfte. In diesen Rundenzeiten sind Gehpausen etc. um die Verpflegungsposten eingerechnet, nicht aber die echten Pausen, wo Du keinen Meter vorwärts kommst.

Soll man bei Ultras nicht lieber auf Platz laufen statt die blöden Pacing-Taktiken zu verfolgen?

Nein – ausser in zwei Situationen.

Eine davon ist nicht so häufig und trifft für das Gros der Ultras niemals zu. Die andere kommt dagegen fast in jedem Rennen oder auch fast bei jedem Ultra-Athleten vor …

Grundsätzlich wirst Du bei jedem Ultralauf besser abschneiden (und Dich nicht nur besser fühlen), wenn Du DEIN RENNEN läufst. DEIN RENNEN heißt: Dein auf der Basis einer realistischen Prognose anfängliches bzw. durchschnittliches Lauftempo. So hältst Du am besten Haushalt mit Deinen Kräften, so hast Du auch am Ende noch das gute Gefühl, auf Plan, evtl.

sogar etwas besser als Plan zu laufen, und das beflügelt und hilft ungemein für ein starkes Finish.

Auf-Platz-Laufen 1: Ganz selten passiert es, dass Du in einem Rennen von Anfang an in der Spitzengruppe bist und dabei dieses Rennen nur als quasi Trainingslauf/Aufbauwettkampf bestreiten wolltest, also für Deine Fähigkeiten kein besonders ehrgeiziges Leistungsziel gesetzt hast. Nun, das ist also eine wirklich ideale Situation (und deswegen kommt sie auch verdammt selten vor!). Hier kannst Du den Luxus genießen, Deine Mitläufer in Ruhe zu studieren, ihnen gewichtige Fragen stellen (taktisch besonders fies: »W«-Fragen direkt am Fuße eines Anstiegs oder einer Gegenwindpassage nach dem Motto »Warum läufst Du eigentlich Ultras?«). Nee, wieder ganz ernsthaft: Du solltest die ehrlichen Bemühungen Deiner Mitstreiter respektieren, aber Du könntest ohne Gefahr eines Einbruchs jederzeit mühelos von ihnen wegziehen. Tu das bitte nicht erst in den letzten 5 Minuten, sonst frustrierst Du jemanden, der sich auch so schöne Hoffnungen auf den Sieg gemacht hat, Dir aber objektiv glatt unterlegen ist. Freu Dich an Deinem Sieg, aber mach nicht zu viel daraus: Du hattest einfach keine ebenbürtigen Gegner.

Auf-Platz-Laufen 2: In der Endphase jedes Langstreckenlaufs werden die größten Platzierungsänderungen erreicht. Wenn Du nicht gerade bei Marathonläufen mit nur mehreren Dutzend Teilnehmern gelaufen bist, kennst Du das Phänomen ja schon gut: Bei einem gut gelaufenen Marathon fängt es nach 25 km ganz kleckerweise an, dass Du allmählich Plätze gut machst, bei 30 km wird es schon mehr, und ab 35, 38 km spätestens brechen dann alle Dämme – Du machst nun reihenweise Plätze gut, rauschst nur so an ganzen Gruppen vorbei – obwohl Du objektiv kaum beschleunigst oder sogar etwas langsamer als bei km 20 bist. Bei einem Ultra-Wettkampf sind es ebenfalls die letzten 10–20% des Rennens, in denen das Klassement noch einmal so richtig durchgeschüttelt wird. Bei einem gut eingeteilten Ultra-Rennen lohnt es sich, nun auf Platz zu laufen und nicht mehr auf die Zeit/das Tempo zu achten – allein die enorme Steigerung Deines läuferischen Selbstbewusstseins, dass Du im Vergleich zu den anderen noch richtig was auf der Spule hast, beflügelt Dich um die manchmal entscheidenden paar Minuten oder paar hundert Meter. Gerade auch bei Zeitläufen mit ihren kurzen Runden kannst Du an einem perfekten Tag in Deiner entfachten Euphorie sogar noch schneller als der Sieger sein (in der letzten halben Stunde ...). So ist es mir 2007 bei der 24-h-DM ergangen, als ich in der letzten Stunde noch 4 Plätze gut gemacht habe und überraschend für alle so gerade noch auf's Podium gelaufen bin. Aber egal ob es um vordere, mittlere oder hintere Platzierungen geht: während Du in den ersten 60% eines Ultras mehr oder weniger stur Dein Rennen/Dein Tempo laufen solltest und Dich von Deinen Mitläufern gar nicht aus dem Konzept bringen lassen solltest, darfst Du auf den letzten 20% alle Tempodisziplin ablegen und kannst und sollst Dich auf den Wettkampf Mann gegen Mann, Frau gegen Frau oder auch Mann gegen Frau oder umgekehrt konzentrieren. Sogar auch, wenn es nicht Dein Tag war und alle Zeitziele bereits unerreichbar sind.

Soll man sich in Gruppen reinhängen oder lieber ganz allein laufen?

Beides kann richtig sein, es kommt nämlich auf die Umstände an. Generell würde ich sagen: bis auf Passagen mit heftigem Gegenwind hast Du bei Ultrawettkämpfen nicht so sehr viel davon, in Gruppen zu laufen.

Klar, bei Gegenwind sparst Du in einer Gruppe wenigstens zeitweise geschützt ganz schön Kräfte. Aber diesen Schutz der Gruppe darfst Du nicht mit einem Tempo von 5% schneller als Dein kalkuliertes Tempo erkaufen, sonst bezahlst Du trotz Wind-Schutz teuer. Wenn Du Dich wegen zu hohen Tempos aus der Gruppe zurückfallen lässt, merkst Du sofort, wieviel mehr Kraft Du jetzt allein gegen den Wind brauchst. Trotzdem: Es ist besser, wegen des Windes Dein Zeitziel nach unten zu korrigieren und dann Dein noch weiter gesunkenes eigenes Tempo durchzuziehen als unbedingt mit einer zu schnellen Gruppe mitgehen zu wollen.

Weiter kann es ganz angenehm und abwechslungsreich sein, in der ersten Hälfte eines Ultrawettkampfes in einer netten Gruppe unterwegs zu sein. Gut gegen Langeweile, evtl. auch gut zum Einbremsen; hier können sich sogar superspannende Unterhaltungen entwickeln, viele Freundschaften sind hier geschlossen worden. Aber das Tempo muss eben für Dich passen, denn im Wettkampf hat ja Deine sportliche Leistung Priorität. Ganz selten hält eine Gruppe ein bestimmtes Tempo länger als 3, 4 Stunden. Irgendwann wird sie schneller (selten) oder langsamer (meist). Das ist der Zeitpunkt, zu dem Du »man sieht sich« sagst und Dein Rennen wieder allein läufst.

Auch in der Leistung sehr ähnliche Athleten fallen in der 2. Rennhälfte eines Ultras doch zu leicht unterschiedlichen Zeiten in Mini-Tiefs und berappeln sich unterschiedlich schnell wieder daraus. In dieser Phase ist es klar besser, Du lässt Dich nicht vom Gruppendruck, sondern von Deinem eigenen Befinden pacen. Beim Spartathlon 2015 haben Marco Bonfiglio und Ivan Cudin lange Zeit als Italia-Express gemeinsame Sache gemacht, sind an Florian Reus vorbeigerauscht und bis fast auf Platz 1 und 2 gelaufen, dann aber war zuerst für Marco und ein paar Stunden später für Ivan der Schwung komplett dahin.

Es ist sicherlich angenehmer, in Gesellschaft zu laufen. Wirklich leistungsfördernd ist es beim Ultra selten. Am ehesten würde ich sagen: Wenn es Dir mal so richtig dreckig geht und Du jemanden zum »läuferischen Anlehnen« brauchst, wenn Dir also jemand, der auch sehr langsam läuft, Beistand leistet nach dem Motto »geteiltes Leid …«, dann kann es helfen. Ist mir bei allen meinen 24ern so gegangen: Auf den dort üblichen kurzen Runden kann die aktuelle Laufgeschwindigkeit von Leuten, die einen Unterschied von mehr als 20, 30 km Tachostand haben, durchaus für 2 Runden identisch sein. Jeder ist da mal moralische Stütze und mal Läufer mit Stützbedarf…

Welche Boxenstrategie ist empfehlenswert?

Eine pessimistische Planung und eine effiziente Durchführung!

Die Aufenthalte an den Verpflegungsposten habe ich ja oben schon charakterisiert. Du solltest aber mit mehreren z. B. Umziehpausen (mindestens vier) im 24-h-Lauf rechnen und für jede eher großzügig Zeit einplanen. Es ist viel motivierender, wenn Du dann eine oder drei Pausen weniger brauchst und für die einzelne Pause auch weniger Zeit als geplant. Dann bist Du nämlich *ohne erhöhtes Tempo* Deinem Plan für 12 Stunden voraus. Aber bitte nicht übertreiben und 2 Stunden Pausenzeit und »zum Ausgleich« schnellere Rundenzeiten planen!! Dann bist Du wieder in der Renntempofalle und was Du an Zeitgewinn durch viel weniger Pausenzeit gut machst, verlierst Du ab spätestens 14, 15 h im Rennen brutal durch akkumulierte Erschöpfung.

Bei kürzeren Ultras (unter 100 km) habe ich sehr gute Erfahrungen mit folgender Strategie gemacht: Du planst ganz bewusst, in der ersten Hälfte/auf den ersten zwei Dritteln des Wettkampfs Dich in aller Ruhe zu verpflegen und z. B. eine kurze Gehpause einzulegen, um vor dem nächsten Anstieg noch zwei volle Becher komplett auszutrinken. Im letzten Drittel dagegen schnappst Du Dir nur noch wie beim Marathon einen Becher oder was auch immer und läufst fast ohne Tempoverlust durch die Verpflegungsstation durch. Insbesondere bei Wettkämpfen mit vielen Teilnehmern wie Rennsteig oder auch bereits Harzquerung oder bei 6-h-Läufen auf kurzen Runden hast Du dann mehr Zeit für die Boxenstopps, wenn sich noch alle dort drängeln, und weniger Zeit, wenn Du bei ausgedünnten Feldern relativ ungehinderten Zugriff auf den Verpflegungstisch hast. Und natürlich ist es in den ersten 3, 4 Stunden eines Rennens immer leichter, vom Gehen in den Laufschritt zu fallen als nach 5 oder 6 Stunden.

Wieviel sollte man während eines Ultrawettkampfs essen und trinken?

Essen möglichst wenig, trinken möglichst viel.

Jede Nahrungszufuhr während eines Wettkampfs ist nämlich zunächst auch eine zusätzliche Belastung des Körpers. Selbst das Trinken aus der Nippel-Sportgetränkflasche stellt in den späten Phasen eines 100ers und erst recht eines 24ers manche Sportkameraden bereits schon vor große Beweglichkeits-Herausforderungen. Aber für die meisten Ultras ist die Belastung des Magen-Darm-Traktes durch Flüssig- oder Festnahrung während des Wettkampfs das große Problem. Blut wird zu Verdauungszwecken nach innen dirigiert und steht dann in geringerem Ausmaß weiter außen in der muskulären Peripherie oder zu Kühlungszwecken zur Verfügung.

Du willst natürlich Deine Muskeln und Deine Eigenkühlung optimal versorgt wissen, um eine optimale Laufleistung abzuliefern. Deswegen also »möglichst wenig« essen, um die Belastung durch Verdauungsvorgänge möglichst gering zu halten. »Möglichst viel« trinken ist so zu verstehen: Bei warmen Bedingungen schaffst Du es normalerweise gar nicht, so viel zu trinken bzw. über das Trinken so viel Flüssigkeit ins Blut zurückzubekommen, wie es nötig ist.

Was sollte man während eines Ultrawettkampfs trinken?

Kochsalzhaltiges Wasser (wie im Training).

Wenn Du mehrere Stunden laufend unterwegs bist, musst Du vor allem Dehydrierung unbedingt vermeiden. Reine Außenkühlung reicht nicht annähernd aus, den Wasserverlust durch Schwitzen und Ausatmen in verträglichen Grenzen zu halten. Ein Nettoverlust von 2 Litern Wasser oder mehr ist bei längeren Läufen für die Endleistung schon katastrophal, von schwerwiegenderen gesundheitlichen Schäden einmal ganz abgesehen. Und 2 Liter Schweiß kann man je nach Tempo und Wetterbedingungen beim Laufen locker *pro Stunde* verlieren. Also regelmäßig trinken – nur wenn Du pinkeln musst, war es etwas zu viel (oder noch die anfängliche Start-Nervosität). Weil Du mit dem Schweiß auch Mineralien und da vor allem Natrium verlierst, solltest Du Wasser mit zugesetztem Kochsalz (= Natriumchlorid) trinken oder das Salz in fester Form (z. B. per Salztabletten) aufnehmen.

Idealerweise solltest Du in puncto Flüssigkeit (und auch Mineralien) annähernd in einem Fließgleichgewicht sein. Soll heißen: In dem Maße, wie es bei Dir durch die Schweißdrüsen raustropft plus in der Atemluft verdampft, solltest Du von außen die gleiche Menge wieder in Dich reinschütten. Also nicht jede Stunde 1–2 Liter (das schafft sowieso kaum jemand), sondern alle 10, 20 Minuten mehrere kleine Schlucke nehmen. Wenn es nicht zu heiß ist, kannst Du diesem Idealzustand »Fließgleichgewicht« wegen des relativ langsamen Renntempos vor allem im 24-h-Lauf ziemlich nahe kommen. Ein 100-km-Rennen auf Anschlag gelaufen wirst Du dagegen immer leicht dehydriert beenden, denn hier wird Dein Renntempo bei allen Temperaturen deutlich mehr Schweißverlust verursachen, als Du während des Rennens wieder zuführen und aufnehmen kannst.

Was sollte man während eines Ultrawettkampfs essen?

Nur solche Sachen, die Du im Training als für Dich geeignet erfolgreich getestet hast.

Bis zu Streckenlängen von 80–100 km möglichst wenig, bei längeren Strecken von Anfang an möglichst solche Speisen und Getränke, die schnell zugeführt und verdaut werden können, also Deine Dauerleistung als Energiequelle unterstützen.

Jeder Ultra steht vor dem Dilemma: einerseits Nahrungsaufnahme als zusätzliche Belastung und andererseits Bedarf an von außen zugeführter Energie. Hier gibt es keine Patentlösungen, obwohl Maltodextrin-haltige isotonische Getränke inzwischen so eine Art Grundversorgung für viele darstellen.

Eigentlich hat der menschliche Körper Energiespeicher genug, um stundenlang ohne Nahrung in Bewegung zu bleiben – aber zu wenig Zucker im Gehirn ist nun mal ein großer Bremsfaktor. Das Gehirn kann dann den körperlichen »Notstand« ausrufen und alle Körperfunktionen so schalten, dass die Versorgung des Gehirns absolute Priorität hat und sonst fast nichts mehr geht, geschweige denn läuft. Auch schon eine leichte Unterzuckerung kann in diesem Sinne Dein läuferisches Gesamtkunstwerk so eindellen, dass eine optimale Leistung nicht mehr möglich ist.

Beim sogenannten Hungerast können Gelchips (oder süße Lutschbonbons) durch unmittelbare Aufnahme des Zuckers über die Mundschleimhaut binnen 1, 2 Minuten den Zuckerspiegel im Gehirn so weit anheben, dass Dir Deine Beine wieder besser gehorchen. Grundsätzlich ist es besser, wenn Du es hinbekommst, über das ganze Rennen erst gar nicht in eine gefühlte Energiemangel-Situation zu kommen (also auch hier analog zur Flüssigkeitszufuhr in einer Art Fließgleichgewicht zu sein).

Feste Nahrung sollte auch *für Dich, wenn Du läufst,* leicht verdaulich sein, was Du in Deinen langen Trainingsläufen ausgetestet hast. Die Einnahme einer warmen Mahlzeit ist während eines 24ers oft hilfreich, um besser durch die Nacht zu kommen. Der um 22 oder 23 Uhr gefüllte Magen kann nämlich Deine innere Uhr für gewisse Zeit um 5, 6 Stunden zurückdrehen.

Egal, was Du während des Wettkampfs isst: Es muss einerseits schnell gehen, andererseits darfst Du die Zusatz-Belastung durch Verdauungsvorgänge nicht durch z. B. zu hastiges Schlingen noch weiter erhöhen. Deswegen greifen ja viele Ultras zu diesen isotonischen Getränken – den gemütlichen Genuss von Kaffee und Kuchen solltest Du Dir im Wettkampf eher nicht gönnen, es sei denn, das wäre genau das für Dich optimale Power Food, das Du in langen Selbstversuchsreihen im Training herausgefunden hast …

Sollte man sich vor einem Ultrawettkampf warmlaufen?

Nein!

Eine der vielen angenehmen Seiten des Ultralaufens ist es, dass man in aller Regel überhaupt keine Starthektik, sondern eher eine sehr relaxte positive Erwartungshaltung um sich herum wahrnimmt. Auch ist der Wettkampf lang genug, dass sich minimale (vermeintliche) Startvor- oder -nachteile schon sehr schnell komplett relativiert haben.

Ein Ultra ist nun mal eine Geschichte, die ein paar Stunden dauert, und bei der Du schön sparsam mit Deinen Energiereserven haushalten solltest. Beim Einlaufen verbrauchte Energie kann Dir auf den letzten Kilometern sehr schmerzlich fehlen. Du solltest stattdessen die ersten Kilometer des Wettbewerbs nutzen, um Dich warm zu laufen.

Außerdem gibt es Studien, denen zu Folge ein echter Kaltstart bei Ausdauerdisziplinen von mehr als zwei Stunden Dauer leistungsfördernd ist. U. a. Paula Radcliff ist angeblich *vor* ihren Marathon-Rennen sogar ins Eisbad gegangen. Weiß nicht, ob das stimmt. Aber zumindest dieses Stückchen eigene Erfahrung kann ich hier beisteuern: Meine zweitbeste Marathonzeit bin ich bei unwirtlichen minus fünf Grad Celsius gelaufen, als ich mit Mütze und Handschuhen, aber in kurzer Hose wegen der Kälte erst gar nicht versucht hatte, mich warm zu laufen, sondern das bisschen Wärme der anderen Läufer in der Startzone gesucht habe.

Warmlaufen beim Ultra braucht und sollte man daher nicht:

- Das Renntempo entspricht praktisch dem Warmlauftempo
- Warmlauf-Kalorien können Dir am Ende des Rennens fehlen
- Ein Kaltstart hilft dabei, am Anfang nicht zu überpacen
- Studien besagen, dass Ausdauerleistungen von einem Kaltstart besser werden.

Warmlaufen würde ich mich höchstens bei Rennen, in denen es gleich nach dem Start sehr eng wird, ein Überholen unmöglich ist und man über mehrere Kilometer zwangseingereiht das

Tempo der Läuferschlange laufen muss. Das wäre die absolute Ausnahme – eine Engstelle von 400, 500 m Länge z. B. ist zwar psychologisch schwer auszuhalten, der Zeitverlust von vielleicht 10 sec macht aber über eine hundert- oder mehrere hundertmal längere Gesamtstrecke echt nix: Also für eine solche taktische Winzigkeit lieber nicht warmlaufen, sondern Kraft sparen.

Sollte man sich nach dem Ultrawettkampf auslaufen?

Nein.

Du bist lange genug gelaufen. Mehr gibt es hier nicht zu sagen.

Braucht man im 100-km-/24-h-Lauf (einen) Betreuer?

Man braucht ihn nicht unbedingt, aber mit einem Betreuer kommt man ein paar Minuten eher an/bestimmt 2, 3 km weiter als auf sich allein gestellt.

Ein Betreuer, der Dir Trinkflaschen, feste Nahrung, Wechselkleidung etc. während des Laufens anreicht, spart schon mal objektiv viele Sekunden und viel Energie, die Du ohne Betreuer zum Stopp, Suchen, Abfüllen und Wiederanlaufen verbrauchen würdest. Aber vielleicht noch wichtiger ist ein Betreuer dadurch, dass er Dich sowohl mit Informationen über den Rennverlauf und speziell Deine unmittelbaren Konkurrenten versorgen kann als auch in Krisensituationen als eine »Person Deines Vertrauens« Dich mit externer Motivation befeuern kann, wenn die interne gerade mal schwächelt.

Je besser Dein Betreuer Dich als Läufer kennt, desto höher sein positiver Einfluss. Nützliche Betreuer-Eigenschaften sind: Starkes Interesse für das Ultralaufen und den aktuellen Rennverlauf, Organisationstalent, gute auch non-verbale Kommunikation, körperliche Fitness und Gelassenheit. Ganz hervorragend sind auch medizinische (Grund-)Kenntnisse und/oder Physio-Know-How. Obwohl jeder Läufer seinem Betreuer unendlich dankbar ist, egal wie super oder mies er seinen Job macht, können bestimmte Züge des Betreuers den Athleten in der Hitze des Wettkampfs auch ganz schön nerven: Unkonzentriertheit (Plauschen mit dem Nachbar und dabei seinen Athleten verpassen oder die falsche Flasche zum falschen Zeitpunkt), unangemeldete Abwesenheit, Hektik, fehlende oder irreführende Info über den Rennverlauf. Aber selbst ein Sub-Standard-Betreuer verhilft dem durchschnittlichen Ultraläufer zu einem besseren Ergebnis als er es ohne Betreuung allein erzielt hätte.

Der Betreuer-Effekt ist im 24-h-Lauf noch einmal deutlich größer als im 100-km-Lauf, da allein schon die Anzahl der Boxenstopps auf den ersten 100 km des 24er deutlich höher ist als bei einem glatten 100er. Mal mutig in Zahlen ausgedrückt: Ein Betreuer verhilft Dir zu einer um 0.5% besseren Zeit im 100-km-Lauf, oder zu 1–2% mehr km im 24-h-Lauf.

Wie gehe ich mit Krisen um?

Hoffentlich konstruktiv …

Wenn Du in eine Krise hineinläufst, ist das alles andere als schön. Es wird sich sogar ziemlich mies anfühlen. Vorher oder beim Wettkampf darauf zu hoffen, dass Du von Krisen verschont bleibst, ist riskanter als Russisch-Roulette (na ja, jedenfalls in der Wahrscheinlichkeit, dass Du nicht getroffen wirst). Eine Krise im Ultra-Wettkampf ist nämlich eher die Regel als die Ausnahme; deswegen ja auch die Empfehlung bei den Fragen zum mentalen Training, das Auftreten von Krisen von vornherein als wahrscheinlich einzuplanen und zu visualisieren. Das Tröstliche bei Krisen in Ultras ist, dass sie in der Regel auch während des Wettkampfes wieder weggehen können. Wenn Du aber mitten drin steckst, weißt Du halt nicht, wann Du wieder aus dem Loch heraus kommst, und das ist genau der Punkt, wofür Du mentale Stärke brauchst.

Wenn Du Deine mentalen Hausaufgaben zur Krisenvorbereitung brav erledigt hast, kann Dich im (Regel-)Fall der Fälle keine Krise völlig aus der Bahn werfen. Kurz irritieren und Selbstzweifel säen: ja, das schon. Michael Sommer hat bei seinem 22. Einsatz in der 100-km-Nationalmannschaft in Winschoten 2015 bereits nach 40 km große und vor allem ihm als alten Hasen noch nie erlebte Probleme bekommen. Mit seinen Worten (aus der DUV-Vereinszeitschrift »Ultramarathon 4/2015«):

»Nun laufe ich alleine. Ich kann das Tempo von Moritz nicht mehr mitgehen. Was ist los, die Beine fühlen sich eingefroren an. Es sind schon ein paar Meter und wir kommen erst zu km 40. Aber es sind nicht nur die Beine, eine regelrechte Schwäche des Körpers kommt auf. Warum? Ich bin gut versorgt mit Kohlenhydraten. Vor kurzem hat noch alles ganz gut ausgesehen, doch jetzt signalisiert der Kopf plötzlich »Mayday, mayday, alle Systeme ausgefallen«. Ich torkle regelrecht in die Verpflegungszone und habe die Landeklappen schon ausgefahren. Anschi hat die Getränkeflasche in der Hand und schaut mich aufmunternd an. Ich nehme beides entgegen, es wirkt sofort und ich schalte um. So nicht, so gebe ich nicht auf. Mensch Junge, Kopf einschalten und analysieren. Was läuft da falsch? Der Magen fühlt sich voll an, der Bauch ist kalt, die Oberschenkel hinten auch, dadurch sind die Beine fest. Erst mal die Flasche am Wegrand abstellen. Vielleicht brauche ich sie ja irgendwann noch mal, dann kann ich sie wieder aufnehmen. Erst mal ein paar km etwas langsamer. Bei km 45 ordere ich bei Markus dann noch meine »Altherrenhose« mit Beinansatz, damit mehr Wärme an die Oberschenkelmuskulatur kommt. Auch die Blase leert sich bei der Kälte nicht wie gewohnt so einfach beim Laufen. Stehenbleiben. Nee, saublöd. Oh Mann, jetzt geht auch noch Jan-Hendrik an mir vorbei. Kann es noch schlechter laufen? Erst mal die Hose wechseln. Klappt fast nahtlos. Und dann wird's irgendwie besser. Die Beine hinten und der Po werden warm, der kalte Wind wird auch wärmer, die Maschine kommt wieder in Gang. Der Kopf schaltet um. Ja, das wird wieder.«

Dieses Beispiel zeigt, dass Erfahrung im Umgang mit Krisen in zwei Kategorien fällt: (A) konkrete Probleme (wie Krämpfe an bestimmten Stellen, Übelkeit, Schwindel etc.) schon einmal erlebt zu haben und erlebt zu haben, wie und vielleicht noch wodurch man wieder da heraus gekommen ist. (B) erlebt zu haben, dass man im Wettkampf in bis dato unbekannte Probleme hineinläuft. Der Umgang mit Dir bekannten Krisen ist wesentlich einfacher als mit unbekannten – aber leider kann man sich die Art der Krise nicht aussuchen …

Wenn ein noch nie aufgetretenes Problem Dich im Wettkampf belästigt, ist es ratsam, es zunächst als existierendes Problem anzuerkennen und nicht versuchen, es wegzuleugnen. Wunschdenken ist kein konstruktiver, sondern ein infantiler Umgang mit Krisen. Der verschärfende Punkt bei Ultraläufen ist, dass Du mit zunehmender Renndauer auch ohne Krise immer infantiler wirst … Jens Lukas, u. a. 3-facher Spartathlonsieger, warnt davor, Krisen aggressiv bekämpfen zu wollen. Dennoch: Du darfst hoffen, dass das Problem »von allein« wieder weggeht, aber wie das Beispiel zeigt, kann es Dir auch bei Dir noch unbekannten Krisensituationen gelingen, Dein läuferisches Erfahrungspotential zur Analyse und direkten Korrektur des akuten Problems einzusetzen. Als Vertreter der Art Homo sapiens versuche also, ganz cool Dein verbliebenes Fünkchen Verstand auf einen konstruktiven Umgang mit der Krise anzuwenden. Nachher ist man nicht nur schlauer, sondern um eine weitere konkrete Krisensituation erfahrener und hat einen weiteren Punkt im Durchleben von Krisen gesammelt.

Wie geht man mit Schmerzen um? Welche sollte man ernst nehmen, welche kann man ignorieren?

Sportsfreunde, hier überschreite ich nun eindeutig meine Kompetenzen. Ich bin ein erfahrener Ultraläufer, aber kein erfahrener Rennarzt.

Aber natürlich kann zum Thema Schmerzen jeder etwas beitragen, so auch ich. Im Ultralauf gibt es aus meiner Erfahrung echte Schmerzen und Phantomschmerzen. Manche echten Schmerzen werden zeitweise überhaupt nicht gespürt und manche Schmerzen werden vom Athlet falsch verortet. Deswegen ist es wahrscheinlich auch für ausgebildete Mediziner unmöglich, hier pauschale Antworten zu geben.

Kleine Anekdote dazu: In meinem ersten 24er, schon nach Sonnenaufgang, wurde ich von einem Mitläufer gefragt: »Norbert, willst Du mit dieser Wade echt weiterlaufen?« Zu diesem Zeitpunkt war ich voller Euphorie, dass ich ja nur noch 6 Stunden und alles im Hellen vor mir hatte und hab zunächst flapsig geantwortet: »Na klar, ich hab nur diesen ortsüblichen Satz Waden dabei«. Hörbar beunruhigt bekam ich dann zu hören »Nee, im Ernst, die ist ja doppelt so dick wie die andere!« Da hab ich dann doch mal angehalten und mir die Wade angesehen: Tatsächlich doppelt so dick wie normal und in der Mitte der Schwellung zwei hellrote Flecken … Und eine Sekunde später tat mir die Wade auch weh wie Hölle, so dass ich noch nicht einmal gehen, sondern nur noch humpeln konnte. Bis dahin NICHTS DAVON GESPÜRT und eigentlich in ganz gutem Rhythmus laufend unterwegs gewesen, aber nachdem ich den kolportierten Schaden erst einmal persönlich gesehen hatte, war an ein Weiterlaufen nicht mehr zu denken. Nachdem ich ein paar hundert Meter zum Rennarzt gehumpelt bin, hat er mich dann mit einer ganz einfachen Diagnose »Muskelfaserriss« aus dem Rennen genommen. Andere Körperteile wie Adduktoren oder Hüften hatten sich zwischendurch immer wieder gemeldet, aber das waren Schmerz-Signale, die von allein oder mit ein paar Gehpassagen wieder verstummten.

Ich kenne eine ganze Reihe weiterer Schmerz-Anekdoten, bei denen alle möglichen Läufer entweder ausgestiegen sind oder heldenhaft weitergekämpft und z. B. mit den berühmten Shin Splints gefinisht haben, aber ich kann und will Dir hier keine praxisgerechte Empfehlungen für den Umgang mit Schmerzen geben, außer zwei Punkten:

1. Bitte nicht den Schmerz mit Schmerzmitteln zu betäuben versuchen – das kann zu langwierigen Problemen führen und Dich läuferisch für Monate auf Eis legen. Außerdem haben diese Schmerzmittel ja auch Nebenwirkungen, und diese können bei den extremen körperlichen Anforderungen eines Ultra-Wettkampfs sicherlich gravierender als bei Otto Normalpatient ausfallen. Finger weg also von Schmerzmitteln vor und während des Wettkampfs!

2. Bei anhaltenden Schmerzen empfehle ich, den Rennarzt aufzusuchen und ihm oder ihr wie ein Kind zu vertrauen. Der Arzt – selbst wenn er/sie keine Ahnung vom Laufen hat – kann es in der Situation echt besser als Du beurteilen, was zu tun und zu lassen ist. Nach 10 oder 15 Stunden Laufen bist Du eh nicht mehr in der Lage, Dich rational mit irgendwelchem medizinischen Für und Wider zu befassen. Also keine Diskussionen und Maulereien: Es ist bitter, wenn man wegen eines Leistenbruchs, eines Muskelfaserrisses oder ähnlicher Geschichten aufgeben muss, aber es ist garantiert die richtige Entscheidung. Irgendwann auf den langen Strecken führt auch ein bewusst oder unbewusst ignorierter Schmerz zu drastischem Leistungsabfall, mal abgesehen davon, dass das Laufen überhaupt keinen Spaß mehr macht. Dann lieber abbrechen und nicht heroisch den allerletzten Ultra durchstehen, sondern nach dem Ausheilen wiederkommen!

Ultra-Küchenpsychologie und -soziologie

Ist Ultralaufen Extremsport?

Wie der dreimalige Spartathlon-Sieger, 24-h-Europameister und mehrfache Deutsche Meister im 24-h-Lauf, Jens Lukas, so schön sagt: 100-m-Läufer betreiben auch Extremsport, die laufen eben extrem schnell; wir halt extrem lang …

Wir betreiben sicherlich keinen so spektakulären Sport wie unsere Sportkameraden, die steilste Felswände hochklettern oder sich alpine Steilhänge auf Skiern runterstürzen, aber 100 km oder mehr am Stück zu laufen wird halt doch fast reflexartig als »Das ist doch schon ein wenig extrem« eingeordnet. Mit den üblichen Vorwürfen, egal ob unausgesprochen oder direkt hinterhergeschoben: Du musst doch vor irgendwas weglaufen, Du bist doch laufsüchtig, Du bist doch irgendwie schräg drauf, Du vernachlässigst (Beruf, Familie, Freunde …), das kann doch nicht gesund sein und was man nicht so alles schon gehört hat.

Den meisten von uns gefällt das Etikett »Extremsport« überhaupt nicht, eine Minderheit von Ultras berauscht sich aber daran, dass wir etwas tun, was in Deutschland nur 1 von 10.000 Einwohnern macht und geht sogar damit hausieren. Daran gemessen wären aber Diskuswerfen, Polo oder Radball noch extremere Sportarten. Ich sage bei solchen Kommentaren oft: Wir sind tatsächlich echte Ausnahmen in einer modernen Welt, in der Bequemlichkeit und möglichst wenig Eigenbewegung als höchste Errungenschaft beworben und überwiegend auch angestrebt werden – wir genießen das Relaxen auf dem Sofa auch, aber erst nachdem wir unserem natürlichen Bewegungsdrang ein wenig nachgegeben haben.

Sind Ultraläufer Eigenbrötler?

Wahrscheinlich nicht. Aber sie sind nach meiner Meinung im Durchschnitt selbstbewusstere Individualisten als der Bevölkerungsdurchschnitt.

Es gibt unter uns alle möglichen Typen – DEN Ultraläufer an sich oder DIE typische Ultraläuferin gibt es wohl nicht. Unter uns gibt es wahrscheinlich die gleiche Verteilung von eher intro- und extrovertierten Zeitgenossen wie in der übrigen Bevölkerung.

Die meisten Ultras können allerdings für einige Zeit sehr gut mit sich allein sein und halten das dann auch eine Zeitlang für ausreichend Gesellschaft. Da kann man dann schon einen Hang zu eigenbrötlerischem Abkapseln attestieren – oder neudeutsch »Hypersensibilität«. Wer aber vor, während und nach einem Ultralauf erlebt, wieviel und über was alles gesprochen wird, wird dieses Etikett sicherlich nicht mehr pauschal auf »die Ultraläufer« münzen. Ganz im Gegenteil: Ich finde, Ultralaufen ist die kommunikativste Sportart.

Sind Ultraläufer bessere Menschen?

Nein, wir sind noch nicht einmal die besseren Läufer.

Wir laufen zwar gerne schön lang, aber hier sollten wir mal halblang machen. Es gibt nichts Spezielles am Ultralaufen, dass Dich zu einem besseren Menschen macht – mich auch nicht ... Ich würde auch allzu gerne glauben, dass das ganz lange Laufen eine zutiefst humane (d. h. in unserer Evolutionsbiologie verankerte) Tätigkeit ist, die alle Ultraläufer quasi nebenbei zu friedlich-freundlichen sozialen Wesen formt oder umformt. Doch dem ist eben nicht so: Unter den Ultras kenne ich zwar eine ganze Reihe von sehr ausgeglichenen und sehr vielseitig interessierten Menschen, aber es gibt unter uns auch eine stattliche Anzahl an krassen Egoisten, Stinkstiefeln und missgünstigen Zeitgenossen, die man nicht zum Freundschaftskreis und am liebsten noch nicht mal zum Bekanntenkreis rechnen möchte.

Man darf halt nicht vergessen, dass Aggression, Ränkeschmieden, Lügen und Betrügen halt auch zutiefst menschliche Eigenschaften sind, die wir durch unsere Entwicklungsgeschichte schon seit Jahrtausenden ebenfalls mit uns rumschleppen …

Trotz dieser auch vorhandenen Miesepeter unter uns können wir aber stolz sein auf den von uns geliebten Sport und die positiven Protagonisten. Es gibt immer wieder tolle Szenen bei Ultraläufen, die in anderen Sportarten etwas seltener sind: Die gegenseitige Hilfe und Unterstützung von Läufern und Betreuern, die völkerverbindenden Momente wie beispielsweise die Schlussviertelstunde bei einer 24-h-Weltmeisterschaft, tiefe Freundschaften, die sich während eines Wettkampfs entwickeln – in welcher Sportart wird *während des Wettkampfs* schon so viel gequasselt, gescherzt, aber auch ernsthaft miteinander geredet?

Wir betreiben einen tollen Sport und sollten dankbar dafür sein, dass wir auf diesen Trichter gekommen sind. Andere Läufer aktiv zu missionieren kann sehr frustig sein, die müssen schon von alleine auf den Trichter kommen. Ja, wenn sie darauf gekommen sind, dann wollen sie aber auch alles über das Ultralaufen hören und sehen …

Warum sollte ich mich für meine Ultralauf-Konkurrenten interessieren?

Sollte ich hier als eigentlich »nicht ultra-spezifische Frage« gar nicht beantworten, denn natürlich sollten wir uns alle für alle Menschen interessieren.

Aber pragmatisch gesehen kennt jeder von uns doch nur eine begrenzte Zahl von Leuten. Und halt relativ mehr aus der ähnlichen sozialen Schicht bzw. mit ähnlichen Interessen und Neigungen wie man selbst. Wir Ultraläufer sind ja von vornherein nicht so viele. Aber alle irgendwie starke Typen: Du kannst hier von jedem/r lernen – sowohl als Läufer als auch darüber hinaus. Und weil sie alle auch laufen, ist da schon mal eine breite oder ganz lange Grundlage für ein besonderes Interesse am anderen.

Es ist schon bezeichnend, dass es bei großen wie kleinen Ultraveranstaltungen immer ein großes Hallo gibt. Wir sind ja bereits unter anderen Läufern Exoten, erst recht für sportliche Laien. Bei manchen Ultra-Veranstaltungen kommen dann aber oft über hunderte km angereiste Gleichgesinnte (in Sachen Ultra-Laufen) zusammen. Es ist schon spannend, die unterschiedlichsten Typen unter uns zu erleben. Die große einende Liebe zum langen Laufen sollte Dich eine Spur toleranter gegenüber Leuten machen, die außer ihrem Ultralaufen sonst wenig mit Dir gemeinsam haben. Durch Zuhören, z. B. wie jemand zum Ultralaufen gekommen ist oder wie sie oder er mit dem Dilemma Trainingsaufwand gegenüber anderen wichtigen Lebensbereichen umgeht oder sonstigen Gott-und-die-Welt-Themen, habe ich viel über mich selbst gelernt und viele Irrtümer korrigieren oder sogar vermeiden können. Manchmal deutlich über das Laufen hinaus.

Sind Ultraläufer größere Realisten?

Bezüglich des Laufens, ja. Sie hätten jedenfalls 'ne gute Chance dazu.

Die motivierende bis euphorisierende Erfahrung, sich mit einem anspruchsvollen Trainingsprogramm zu einer vorher gar nicht für möglich gehaltenen Leistung aufgeschwungen zu haben, wird durch viele Erfahrungen ergänzt, wo es nicht so ganz optimal lief und man demütig auf Normalmaß zurechtgestutzt wurde. Ultraläufer werden eher nicht dazu neigen, irgendwelchen Slogans nach der Devise »Mit minimalem Aufwand zum maximalen Erfolg« blind zu vertrauen. Sie haben oft schon mehrmals am eigenen Leib gespürt, was man leisten kann und wie man sich fühlt, wenn man seine Trainings-Hausaufgaben gründlich oder eher flüchtig erledigt hat. Sie wissen oder ahnen, dass es keine Patentrezepte und Garantien gibt, sondern dass man lediglich versuchen kann, sich die besten Voraussetzungen für eine optimale Leistung zu erarbeiten. Dass dieser pragmatische Realismus auf der Basis eigener läuferischer Erfahrung aber in andere Bereiche des Lebens abfärbt, würde ich niemals behaupten.

Denn wir oder zumindest ziemlich viele von uns Ultras sind andererseits doch recht empfänglich für alle möglichen Tricks, Tipps und Produkte, die unsere sportlichen Leistungen *vielleicht* verbessern könnten, wie die neuesten Power-Workouts, Nasenpflaster, Kompressionskleidung, Nahrungsergänzungsmittel etc. Auch bestimmte Rituale besonders direkt vor dem Start fallen objektiv in die Kategorie Aberglauben, aber wenn man glaubt, dass es hilft, wird es schon helfen. Und wenn man es ganz nüchtern betrachtet, sind Vertrauen in ein bestimmtes Trainingsprogramm oder gar in einen Trainer, die Wahl der Laufschuhe oder der Laufbekleidung etc. auch alles Punkte, bei denen keine wissenschaftlich-objektive Analyse oder Doppel-Blindversuche den Ausschlag geben, sondern ganz pragmatisch an einem zufälligen Zeitpunkt entschieden wurde: Was ich jetzt an Information habe, reicht mir.

Übrigens ist das aus meiner Sicht die einzig mögliche realistische Einstellung zu vielen komplexen Fragen und Problemen, egal ob private oder weltbewegende: Es ist unrealistisch zu erwarten, dass man jemals genug objektive Information erhalten kann, bevor man sich entscheidet. Genau das machen wir als Ultraläufer: Wir entscheiden uns, lange Strecken zu laufen und uns auf bestimmte Art und Weise zu trainieren, zu ernähren etc. – ohne dass dafür objektive Beweise vorliegen.

Nach dieser küchen-philosophischen Betrachtung zurück zum Ausflug in die Randgebiete des läuferischen Aberglaubens, der doch ganz gut illustriert: Beim Laufen und wohl auch im normalen Leben sind wir genau so viel Realist oder Phantast wie unsere nicht-laufenden Mitmenschen.

Muss man meditativ veranlagt sein, um die lange Eintönigkeit aushalten zu können?

Hhm – kann schon sein.

Auch hier gestehe ich sofort, dass ich mich mit Meditation überhaupt nicht auskenne. Am liebsten würde ich also gar nichts weiter zu dieser Frage sagen – kann hier höchstens ein paar

Eigenheiten von mir erwähnen, die vielleicht am Rande dazu passen könnten:

Ich höre (im Sitzen oder Stehen!) gern Musik, auch stundenlang und oft recht komplexe. Ich kann stundenlang allein sein (hilfreich bei langen Trainingsläufen), egal ob stationär oder laufend. Als kleiner Junge hab ich gern geangelt; auch wenn mal für lange Zeit überhaupt nichts mit der Angel passiert ist, hab ich mich nie dabei gelangweilt. Ich kann mich beim Laufen an Dingen erfreuen, die ich in anderen Situationen nicht einmal wahrnehme, weil sie so alltäglich und profan sind – bin ich hiermit meditativ veranlagt?

Es ist auch so, dass mir beim langen Laufen unwillkürlich wilde Assoziationen durch den Kopf schießen oder ich ganz bestimmte Musik »höre«, d. h. mir vorstelle. Mal sind es Gassenhauer, mal andere bekannte Musik, manchmal sogar für mich ganz unbekannte neue ... Ganz selten (wenn ich sicher bin, dass mich keiner hört), fange ich an zu singen oder brummen. Hab nicht den Nerv von Julia Fatton, die auch auf Wettkämpfen manchmal laut ihre Liedchen schmettert.

Und wieso überhaupt Eintönigkeit? Die kenne ich ehrlich gesagt nur vom Laufen auf dem Laufband. Auf so ein Gerät steige ich höchstens 2- oder 3-mal im Jahr, wenn nämlich meine normalen Laufstrecken zu stark vereist sind, und ja, dieses Laufen auf der Stelle kommt mir öde und monoton vor, selbst wenn ich ein paar Intervalle oder so etwas reinprogrammiert habe. Ansonsten gibt es fast nichts Schöneres und Interessanteres für mich als zu laufen (jedenfalls, wenn meine Beine frisch sind). Notfalls auch auf dem Parkplatz der Air-France-Angestellten am Flughafen Paris Charles de Gaulle ...

Warum gibt es so wenig wissenschaftliche Studien zum Ultralaufen?

Dafür gibt es drei Gründe:
A) zu wenig freiwillige Probanden,
B) zu wenig gesellschaftliches Interesse,
C) Ultralaufen dauert stundenlang.

Ja, wir sind trotz großer Zuwachsraten doch immer noch eine verschwindende Minderheit. Weniger als 10.000 Deutsche laufen im Jahr (mindestens einen) Ultralauf. Da ist es natürlich nicht leicht für Sportwissenschaftler, freiwillige Versuchskaninchen in genügender Anzahl zu finden. Und wenn dann noch Blut abgezapft wird oder Muskelbiopsien gemacht werden, winken die meisten ernsthaften Ultras schon ab, denn niemand will sich sein läuferisches Gesamtkunstwerk durch schnöde Stiche oder Schnitte so einfach verhunzen lassen.

Und weil wir so wenige sind und bisher niemand unser Tun mediengerecht fesselnd in Szene gesetzt hat, interessiert sich auch außer uns paar Hansels niemand so recht für die Ergebnisse und möglichen Erkenntnisse sportwissenschaftlicher Studien über Ultralaufen oder Ultraläufer.

Wissenschaftler sind auch nur Menschen. Wer 10, 12, oder gleich 24 oder noch mehr Stunden am Stück irgendwelche Messungen oder Beobachtungen vornimmt, muss dafür mindestens den gleichen inneren Antrieb haben wie wir, die diese Stunden am Stück laufen. Solche Sportwissenschaftler sind also folgerichtig genauso Exoten in ihrer Wissenschafts-Szene wie wir Ultras in der Lauf-Szene, also zumindest schon mal nicht sehr häufig anzutreffen. Der Südafrikaner Tim Noakes oder der Schweizer Beat Knechtle sind zwei Beispiele für Sportmediziner, die Studien auch zum Ultralaufen gemacht haben, weil sie selber begeisterte Ultraläufer sind.

Mit anderen Worten: Das Ultralaufen muss insgesamt noch weiter wachsen und sich in der Laufszene noch besser etablieren und insgesamt interessanter werden (für die Allgemeinheit, die Wirtschaft, speziell die Sportartikel-Branche). Da könnte vielleicht ja über die Ultratrails etwas ins Rollen kommen. Bis dahin sollten wir uns nicht zu viel von der Wissenschaft erwarten, verlassen wir uns also in den nächsten Jahren weiterhin mehr auf uns und unsere empirischen Erfahrungen.

Gibt es »unerklärliche Phänomene« beim Ultralaufen?

Nicht, dass ich wüsste.

Das Fehlen von groß angelegten wissenschaftlichen Studien und die für Otto Normalverbraucher schier unglaublichen Leistungen im Ultralaufen rufen natürlich einige Scharlatane auf den Plan, die meist viel besser im Vermarkten ihrer »extremen Läufe« sind als dass sie Ultras tatsächlich laufen können. Oft umgeben sie sich und ihre Lauferei mit einer geheimnisvollen mystischen Aura. Besonders gut können sie sich Laien gegenüber verkaufen, die nicht wissen, dass in unserer Sportart z. B. regelmäßig Weltmeisterschaften veranstaltet und Jahresbestenlisten geführt werden. Die meisten Laien lassen sich von »extrem« daher schwadronierenden Typen viel eher beeindrucken als von jemand, der nüchtern und trocken auf Fakten verweist oder aber Ultralaufen als ganz natürliche Tätigkeit, »Echt nix Besonderes« schildert. Interessanterweise sind die objektiv besten Ultraläufer (damit meine ich Weltrekordler, Weltmeister etc.) in der Regel total geerdete Leute, die ihre Ultralauf-Leistungen selbstbewusst und bescheiden zugleich einzuordnen wissen.

Weil es keine wissenschaftlich untermauerten Trainingsprogramme gibt, finden viele selbsternannte Coaches doch einige Gutgläubige, die sich nicht nur auf obskure Pfade begeben, sondern oft auch noch dafür Geld bezahlen (mal ganz abgesehen von evtl. gesundheitlichen Folgen). Diese Coaches oder Gurus stoßen aber bei der großen Mehrheit der doch eher realistisch gepolten Ultras ziemlich schnell auf Granit.

Nächster Punkt: Es kann vorkommen, dass bei besonders langen Rennen und in nächtlicher Einsamkeit die erschöpften Läufer

Halluzinationen haben … Aber auch diese Wirrungen des Geistes sind durchaus erklärbare Phänomene, treten nicht sehr häufig auf und sind ganz fix wieder behoben.

Und auch die scheinbar unerklärlichen Selbstheilungsprozesse bei Ultraläufern gerade auch im Gelenk-/Knorpelbereich sind zunächst mal ein Fakt, der z. B. in der Studie zum Transeuropalauf 2009 quasi durch die Bank bei den erfolgreichen Teilnehmern nachgewiesen wurde. Ein wissenschaftlich sauberer Befund, der gegen die landläufige »Schon-Haltung« vieler Mediziner spricht. Warum sollte aber die biologische Art Homo sapiens, die sich durch ausdauernde Treibjagden im aufrechten Gang in einer feindlichen Umwelt behaupten musste, nicht auch Reparaturmechanismen für die stark beanspruchten überlebensnotwendigen Laufwerkzeuge entwickelt haben? Im Gegensatz zu diesen empirischen Erkenntnissen und evolutions-biologischen Aspekten waren die alten Schon-Empfehlungen bei Arthrose-Erscheinungen unwissenschaftliche »Plausibilitäts-Medizin« und sind inzwischen ja auch nicht mehr aktuell.

Also mal ganz kühn den Spieß umgedreht: Nicht die Leistungen und körperlichen Phänomene der ernsthaften Ultras sind unerklärlich, sondern die verwunderte Reaktion selbst von gut ausgebildeten Zeitgenossen, die in ihrem Denken durch die lächerlichen letzten paar tausend Jahre Menschheitsgeschichte und deren »Vorsprung durch Technik«-Attitüde befangen und gefangen sind.

Ist Ultralaufen die natürlichste menschliche Aktivität?

Na, das ganz bestimmt nicht.

Da gibt es ja z. B. noch so häufig ausgeübte Tätigkeiten wie Essen, Trinken, Schlafen etc. Hinter dieser Frage steht ja wohl die Tatsache, dass viele unserer Vorfahren als Quasi-Ultraläufer treibjagend unterwegs waren. Was wahrscheinlich eher eine Art »Ultra-Fahrtspiel« war, allerdings blutiger Ernst, mit nicht genau vorhersagbarer Dauer und Streckenlänge, bis halt die

Beute gemacht war oder man sich ohne Beute wieder auf den Heimweg zum Clan machen musste …

Wir modernen Ultraläufer mit unseren High-Tech-Ausrüstungen, Funktionsshirts und speziellen Laufschuhen sollten eher nicht so laut beanspruchen, unserer biologischen Natur sehr nahe zu sein. Noch weniger sollten Trailläufer hier ihren Mund voll nehmen: Da potenziert sich der technische Ausrüstungsaufwand noch einmal. Ich finde das ein bisschen skurril, dass viele Ultratrailer allen Ernstes glauben, dass sie »der Natur sehr nahe« kommen – verglichen mit Laufen in der Stadt oder mit Formel 1 ist das schon richtig, aber dennoch laufen die meisten Ultratrailer mit allen möglichen modernen technischen Errungenschaften und teilweise Verdrahtungen.

Dennoch: Ganz sicher ist die Fähigkeit, mal locker 80 oder 100 km am Stück zu laufen, viel tiefer und länger in unserer menschlichen Natur und Entwicklungsgeschichte verankert als diese Strecken mit dem Auto zurückzulegen und generell den Sinn des Lebens darin zu suchen, so wenig Strecke wie möglich zu Fuß zurückzulegen …

Führt Ultralaufen zur Selbsterkenntnis?

Wenn Du danach suchst, kann es tatsächlich hilfreich sein.

Ultralaufen bedingt, dass Du öfters lange Zeit ganz allein verbringst: Da hast Du jede Menge Gelegenheit, über alles Mögliche und auch über die großen Fragen des Lebens nachzudenken. Es wird Dir passieren, dass Du auf Deinen Läufen nicht nur die Außenwelt, die an Dir vorbeigleitet, sondern auch Deine Innenwelt anders wahrnimmst als im Alltag. Genau wie Dir beim Laufen plötzlich viele Ideen zur Lösung praktischer Probleme einfallen, kannst Du auch einen anderen Blickwinkel auf Deine Mitmenschen oder Dich selbst bekommen, der Dir auf dem Bürostuhl oder im Fernsehsessel so nicht zugeflogen wäre.

Dann sind da noch die laufenden Begegnungen mit anderen Menschen und weiteren Lebewesen, die Dir Erlebnisse oder Denk-Anstöße bieten, die Du ohne Ultralaufen wahrscheinlich auch nicht in dieser Fülle oder Qualität geboten bekommen würdest – aber bevor ich hier völlig abhebe: Ich glaube, in diesen Sphären unterscheiden wir uns kaum von den normalen Marathonläufern, die sich die gleichen Möglichkeiten über das rein Sportliche oder Medizinisch-Gesundheitliche hinaus wie wir erlaufen, im Schnitt halt etwas kürzer. Wir betreiben einen wunderbaren Sport, der uns tief mit unserer biologischen Natur verbindet, aber es ist fast unmöglich, dieses Wunderbare am Ultralaufen jemand anders zu vermitteln – schon gar nicht, wenn er oder sie kein Ultraläufer ist …

Aber eine schöne Antwort auf die oft gestellte nervige Frage »Wovor läufst Du eigentlich denn weg???« ist: »Ich laufe vor nichts weg, sondern zu allem hin. Auch zu mir selbst, und ich bin noch lange nicht da.«

Kurzüberblick

Für alle, die schnell mal nachschauen wollen: Alle Fragen zusammengefasst.

Ultra-Trainingspläne

Ultra-Kalender – Jahresplanung für Wettkämpfe, Aufbauwettkämpfe und Regenerationsphasen

Ultra-Wettkampf-Technik, -Taktik und -Logistik

Ultra-Küchenpsychologie und -soziologie